通关实务操作与技巧

——货物、运输工具篇

"关务通·监管通关系列"编委会◎编著

中国海关出版社

图书在版编目（CIP）数据

通关实务操作与技巧——货物、运输工具篇/“关务通·监管通关系列”编委会编著．—北京：中国海关出版社，2012.9
（“关务通·监管通关系列”丛书）
ISBN 978-7-80165-909-5

Ⅰ.①通… Ⅱ.①关… Ⅲ.①海关-业务-中国 Ⅳ.①F752.5

中国版本图书馆 CIP 数据核字（2012）第 222967 号

通关实务操作与技巧——货物、运输工具篇
TONGGUAN SHIWU CAOZUO YU JIQIAO——HUOWU YUNSHU GONGJU PIAN

作　　者：“关务通·监管通关系列”编委会
总 策 划：谭　宁
策划团队：刘　倩　马　超　钟　刘
责任编辑：刘　倩
责任监制：王岫岩
出版发行：中国海关出版社
社　　址：北京市朝阳区东四环南路甲 1 号　　邮政编码：100023
网　　址：www.hgcbs.com.cn；www.hgbookvip.com
编 辑 部：01065194259（电话）　　01065194234（传真）
发 行 部：01065194221/4238/4246（电话）　　01065194233（传真）
社办书店：01065195616/5127（电话/传真）　　01065194262/63（邮购电话）
北京市建国门内大街 6 号海关总署东配楼一层
印　　刷：北京京都六环印刷厂　　经　　销：新华书店
开　　本：710mm×1000mm　1/16
印　　张：17　　字　　数：259 千字
版　　次：2012 年 10 月第 1 版
印　　次：2012 年 12 月第 3 次印刷
书　　号：ISBN 978-7-80165-909-5
定　　价：48.00 元

“关务通·监管通关系列”编委会

“关务通·监管通关系列”统审组

“关务通·监管通关系列”编写组

前　言

海关是国家进出境监督管理机关。近年来，海关不断顺应贸易实际，以风险式管理为基础，创新管理方式，优化监管服务，调整变革通关模式与管理方式。如何适应国家对进出口贸易活动监督管理的要求，选择适合自己的海关通关模式和管理方式，既满足海关“管得住”的需要，又保证进出口货物和进出境运输工具“通得快”，不仅是企业进出口实践中面临的具体问题，也是从事报关人员提高自身业务素质和业务能力的具体要求。

本书是由海关通关监管业务领域的一线专家，结合自身业务实践，精心编撰。他们从企业的角度入手，将涉及货物、运输工具通关方面的工作流程、业务要求进行了系统化梳理，以通俗易懂的文字表述，给进出口企业提供了一个全面、深入了解海关通关监管业务体系的窗口和渠道，力图使企业能够简单明了、按图索骥地处理通关业务。因此，本书注重实践，权威实用。

本书内容丰富，重点突出。在系统梳理通关业务的过程中，本书还精心融入、化解企业可能存在的通关难题，尽量做到全面介绍某一业务，捋顺流程、找出关键点、明确操作方法，并针对各个业务环节的重要节点、技术性较强或易混淆易错漏的业务点，详尽解析。

本书最新最全，体例新颖，适用易用。全书按照最新政策要求，编写了大量最新规定和业务改革措施的实用指导与解读，并配备通关技巧点拨及海关提醒等方面的内容，能指导、帮助各类读者迅速了解海关规定，熟悉海关通关流程和所需单证材料，掌握企业和海关在双方法律关系中的权利与义务，确保有效配合海关完成通关监管的各项行政许可事项，提高办事效率，使企业与海关在行政事务中取得“双赢”。

本书作为“关务通·监管通关系列”丛书中的一本，不仅可用于企业的货物、运输工具通关业务，满足读者的工作需求，而且可供海关关员及高校相关专业学生参考，满足读者的学习需求。阅读本书时，建议与该系列丛书中的《监管通关政策实用指导手册》、《通关实务操作与技巧——进出境物品篇》、《通关疑难解惑720例》配套使用，可使读者在掌握通关流程及相关业务知识的同时，更好地解决实际通关难题，把握新政策的改革方向。

由于时间仓促和水平有限，书中难免有不妥和错漏之处，诚请读者批评指正，以便再版时修订完善，联系邮箱：guanwutong@ mail. customs. gov. cn。

编　者

目　录

货物篇

运输工具篇

货物篇

第一章　申　报

当您收到货物已经运抵口岸的通知，通常情况下，您直接凭提单去提货就可以了，是不是觉得很简单便捷呢？事实上并非如此！我们这里介绍的是国际进出境货物，由于这些货物仍在海关监管场所里，在海关监控下，那么您首先要想到的就是办理货物的通关。可以说，申报就是向海关履行手续以便快捷提取进口货物整个过程中的第一步。

第一节　了解申报

一、申报是企业的义务

申报是企业办理进出口货物通关手续的必要环节之一。申报意味着企业向海关报告进出口货物的实际情况，申请海关按其申报的内容放行进出口货物。因此，申报不仅是企业必须履行的法定义务，也是海关确认进出口货物合法性的先决条件。

二、企业申报与海关审核流程

通过企业申报处置流程图，可见企业的申报是整个通关过程的起点，如实申报不仅是货物通关验放的前提，同时也是企业的法定义务。

简而言之，企业应当向海关如实申报，并交验进出口许可证件和有关单证，企业应当对申报内容的真实性、准确性、完整性和规范性承担相应的法律责任。

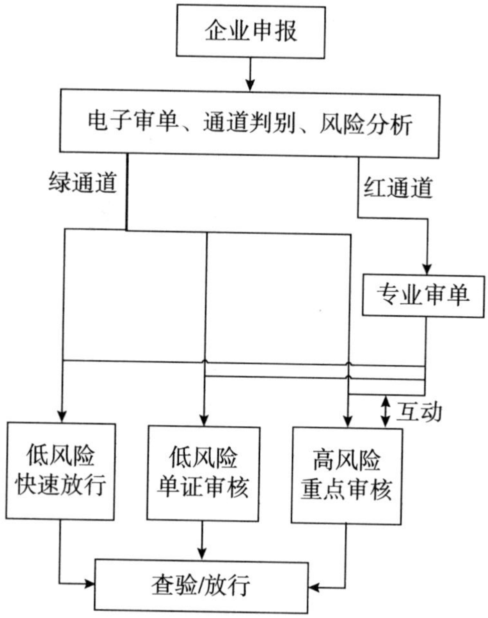

海关提醒 如实申报，是指进出口货物的收发货人或受委托的报关企业在向海关申请办理货物通关手续时，按规定的格式真实、准确地填报与进出口货物有关的各项内容。

第二节　对申报企业的要求

一、对申报企业的资质要求

根据《中华人民共和国海关法》（以下简称《海关法》）的规定，进出口货物的收发货人，可以自行向海关申报，也可以选择委托报关企业向海关申报。但要注意：向海关办理申报手续的进出口货物收发货人、受委托的报关企业应当预先在海关依法办理注册登记手续；否则，海关不接受其申报。所以，要预先在海关依法办理注册登记手续的企业才能向海关申报。

前面讲的是对企业的规定，那么人员要求方面有限制吗？回答是肯定的。进出口货物收发货人、受委托的报关企业办理申报手续的人员，应当是取得报关员资格并在海关注册登记的报关员；未取得报关员资格或未在海关注册登记的人员，不得办理进出口货物的申报手续。

还要多说一点，假设您是进出口货物收发货人，虽然您的公司已经在海关办理了注册登记，而且您的公司也有取得报关员资格并在海关注册登记的报关员，但是，您的公司不想自行报关，希望委托专业报关企业代理报关。这样的话，不要忘记与您准备委托的报关企业签署授权委托书，在授权委托书里明确授权办理海关手续的范围，由该企业在报关时向海关提交。

海关在接受申报时，一般会审核以下四个问题：

（1）进出口货物的报关企业是否已向海关办理了报关注册登记。

（2）专门或代理从事办理报关手续的专业报关企业、代理报关企业，是否已向海关办理了报关注册登记手续。

（3）办理申报手续的人员，是否已取得了报关员资格并在海关注册登记。

（4）若是代理报关，是否有代理报关委托文书。

我们介绍了进出口货物收发货人委托报关企业代理申报的规定，那么，换个角度来看，接受收发货人的委托办理报关手续的报关企业又需要注意什么呢？很重要的一点就是要对委托人所提供情况的真实性进行合理性审查。报关企业未能对委托人提供情况的真实性、完整性履行合理审查义务，致使向海关申报的内容不真实、不合法的，应当承担相应的法律责任。

海关提醒 接受委托代理报关的企业审查的主要内容包括：进出口货物的具体情况，包括进出口货物的品名、规格、用途、产地、贸易方式等；有关进出口货物的合同、发票等商业单据的真实性；进出口所需许可证件及随附单证的完整性等。

二、对企业申报地点的要求

通常情况下，进出口货物应该在以下地点进行申报。

（一）进境地/出境地

在一般情况下，进口货物应当由收货人或受委托报关企业在货物的进境地向海关申报，出口货物应当由发货人或受委托报关企业在货物的出境地向海关申报。

（二）指运地/起运地

经收发货人或其代理人申请，海关同意，进口货物可以在设有海关的指运地，出口货物可以在设有海关的起运地向海关申报。

（三）指定地点

某些以特殊方式输送进出境的货物，如经电缆、管道等方式输送进出境的货物，其经营单位或其代理人可以直接与海关联系，定期向指定的海关申报。

小贴士 信誉评级为 A 类以上的企业，可以向海关申请“属地申报，口岸验放”方式，经海关批准，企业可在其所在地海关申报。

第三节　海关对申报时间及滞报金的规定

一、对申报时间的规定

通常来说，进口企业应当自运输工具申报进境之日起 14 日内向海关申报。出口企业，除海关特准外，应当在货物运抵海关监管区后、装货的 24 小时以前向海关申报。如果进口货物不按照规定的时间申报，则后果会非常严重。

（一）缴纳滞纳金

企业超过规定期限向海关申报，自运输工具申报进境之日起第15日为起征日，海关接受申报之日为截止日（起征日和截止日均计入滞报期间），按日征收进口货物完税价格0.5‰的滞报金，起征点为人民币50元。

海关提醒 因完税价格调整等原因需补征滞报金的，滞报金金额应当按照调整后的税款金额重新计算，补征金额不足人民币50元的，免予征收。

（二）被依法变卖处理

企业自运输工具申报进境之日起超过3个月未向海关申报的，进口货物由海关提取依法变卖处理。

海关提醒 变卖所得价款在扣除运输、装卸、储存、滞报金等费用和税款后，尚有余款的，自货物变卖之日起1年内，经收货人申请予以发还；其中属于国家对进口有限制性规定，应当提交许可证件而不能提供的，不予以发还；逾期无人申请或不予以发还的，上缴国库。

二、企业缴纳滞报金的范围

您应该知道，海关并不是对所有的货物都要征收滞报金的。滞报金的征收仅限于进口货物，出口货物及过境、转运、通运货物及常驻人员进境自用车辆、保税仓库出库转进口货物均不征收滞报金。

即使是进口货物，下列情况也无须缴纳滞报金：

（1）海关依法变卖的进口货物；

（2）在申报期限内已向海关提供担保的进口货物；

（3）因撤销报关单重报产生滞报的；

（4）进口货物经海关批准直接退运的。

三、滞报金的计算

企业超过规定期限向海关申报，自运输工具申报进境之日起第15日为起征日，海关接受申报之日为截止日，但起征日如遇我国法定节假日，则顺延至其后第一个工作日。

案例 某公司进口货物的运输工具是9月22日运抵并申报，当年国庆假期是从10月1日到10月7日，该公司在国庆假期回来的第一天，也就是10月8日，向海关申报。海关对该公司征收了滞报金。为什么？

根据《中华人民共和国海关征收进口货物滞报金办法》第十七条的规定："滞报金起征日如遇法定节假日，则顺延至其后第一个工作日。"上述所称"法定节假日"是指国务院《全国年节及纪念日放假办法》第二条规定的"全体公民放假的节日"，不含调休日。为此，如果第14天是法定假期（国庆节为10月1日、2日、3日），将会顺延至法定假期后的第一天，即10月4日申报不应该征收滞报金。第15天就是10月7日，不是法定节假日，属于滞报金起征日。因此，10月8日申报应该征收滞报金。

海关提醒 企业在向海关传送报关单电子数据申报后，除另有规定外，未在规定期限内递交纸质报关单，海关予以撤销电子数据报关单。企业重新向海关申报的，以重报之日作为申报日期。

四、申请减免滞报金的情况

不是所有滞报都要缴纳滞报金，符合以下情况的，企业可以申请减免滞报金：

（1）政府主管部门有关贸易管理规定变更，要求企业补充办理有关手续或者政府主管部门延迟签发许可证件，导致进口货物产生滞报的。

（2）产生滞报的进口货物属于政府间或国际组织无偿援助和捐赠用于救灾、社会公益福利等方面的进口物资或其他特殊货物的。

（3）因不可抗力导致收货人无法在规定期限内申报，从而产生滞报的。

（4）因海关及相关执法部门工作原因致使收货人无法在规定期限内申报，从而产生滞报的。

（5）其他特殊情况经海关批准的。

五、申请减免滞报金的程序规定

企业应当自收到海关滞报金缴款通知书之日起30个工作日内，按同一合同项下、同一口岸申报进口的滞报货物，以书面形式向申报地海关提交申请书，申请书应当加盖公章。

小贴士 确因特殊情况而不能按期提交的，如果理由充分、正当，海关也会受理。

第四节　申报时如何填写报关单

报关单填制是一项专业性较强的工作，如果不懂操作规定，或者一不小心，就会出错。因此，报关员要认真掌握报关单填制规定，并在反复核对无误后，才可以向海关提交。

前面提到，企业申报时一定要确保报关单内容的真实性、合法性以及规范性、完整性，那如何才能做到呢？

一、申报的规范性要求

为了规范进出口企业的申报行为，提高通关数据质量，海关编制了

《中华人民共和国海关进出口商品规范申报目录》（以下简称《目录》），这是实现规范申报的重要宝鉴之一。

企业填制报关单时首先应根据商品归类原则对进出口商品进行正确归类，然后按照《目录》对应编码的“申报要素”栏要求认真填写。

二、申报的完整性要求

简单来说，申报的完整性要求，就是指企业要按照《中华人民共和国海关报关单填制规范》（以下简称《规范》）的有关规定，对报关单的各个栏目严格按照固定格式内容要求进行填写、申报。

可以毫不夸张地说，《规范》与《目录》共同构成了驱动企业正确申报的两辆马车。

案例 企业在向海关申报时，报关单填写如下：锂电池，供电用，SAFT，P4－01－0021，600毫安时，不含汞。放大镜，品牌PEAK，规格4.5×4.8×4CM。结果海关在审单时进行了退单，要求企业详细申报。企业认为，已经按照《目录》的要素填写报关单申报了，这是怎么回事？

我们重点看一下企业的申报内容。企业进口的锂电池（商品编号：8506500000）的申报要素是：（1）品名；（2）用途；（3）品牌；（4）材质；（5）型号；（6）容量；（7）是否含汞。这个申报中，“供电用”是功能，不是用途。因此不符合规范申报要求。进口的放大镜（商品编号：9013801000）的申报要素如下：（1）品名；（2）用途；（3）品牌；（4）原理；（5）型号。企业却报了规格，将规格和型号混为一谈，结果导致被海关退单。

从上述案例看出，首先是申报要素不全，如机电类商品缺少品牌、型号、外观形状、包装方式、加工程度等申报要素。其次是企业对申报要素部分内容的误解造成混报。因此，企业在申报机电类商品时，要注意克服以下两个误区：一是用途和功能的混淆，二是尺寸、规格和型号混淆。

三、申报

完成了上述申报前的准备后，企业就可以向海关申报了。

（1）申报的载体分两种形式，即电子报关单和纸质报关单。

（2）通常情况下，采用“电子数据申报在先，递交单证在后”的申报方式，即企业通过中国电子口岸申报平台录入报关单电子数据，向 H2000 系统发送申报数据。

（3）海关对报关单电子数据审核通过后，企业打印纸质报关单，备齐随附报关单证，到海关业务现场办理交单手续。

海关提醒 企业如遇到网络、计算机系统故障等特殊情况，无法报送报关单电子数据的，企业可以向海关申请先凭手工填制纸质报关单申报，故障排除后补办手续。

第五节　四种特殊申报方式

一、提前申报

在进出口货物的品名、规格、数量等确定无误的情况下，企业经批准可以在进口货物起运后、抵港前或出口货物运抵海关监管场所前 3 日内，提前向海关申报。

提前申报的进出口货物税率、汇率的适用，按照《中华人民共和国进出口关税条例》（以下简称《关税条例》）的有关规定办理。

二、集中申报

企业若出现在同一口岸、特殊监管区域或保税监管场所进出口货物品种相对固定、批次多、通关时效要求高的情况下，经海关事先核准，可以先以集中申报清单申报，再以报关单形式集中办理申报。

海关提醒 经海关备案，下列货物可以适用集中申报通关方式：

（1）图书、报纸、期刊类出版物等时效性较强的货物；

（2）危险品、鲜活、易腐或者易失效等不宜长期保存的货物；

（3）公路口岸进出境的保税货物。

三、补充申报

企业在申报过程中，由于受进出口货物报关单格式、栏目所限，不能完成全部申报事项。那么，企业可在规定的期限和地点，在报关单之外采用补充申报单的方式向海关进一步申报。补充申报的范围主要包括价格补充申报、归类补充申报、原产地补充申报和知识产权补充申报。

海关提醒 补充申报是对报关单申报内容的有效补充，不得与报关单填报的内容相抵触。补充申报单与报关单具有相同的法律效力。

四、定期申报

经电缆、管道、运输带或者其他特殊运输方式输送进出口的货物，经海关同意，企业可以采用定期申报。

第六节　海关对单证的要求及审核

前面讲过企业填制报关单并已审核完毕向海关发送了电子报关单，那么下一步，企业又要做些什么呢？可能会遇到两种情况：一种是电子报关单审核不通过，被海关退回，先不要沮丧，企业应该先按照上述报关单填制的要求，检查可能存在的错误后修改并重报；另一种是成功申报了。

海关提醒 企业办理交单期限的规定：

企业应当自接到海关“现场交单”或“放行交单”通知之日起10日内，持纸质报关单并备齐随附单证，向货物所在地海关递交书面单证，相关单证不得与报关单电子数据相抵触。

一、企业交单时应提交的单证

当企业发送的电子报关单企业数据通过海关审核后，海关会向企业发出交单的指令信息，下面我们着重了解：企业在交单环节需向海关递交哪些报关单证。

简单来说，企业到海关办理交单手续时，应当向海关递交与电子数据报关单内容相一致的纸质报关单、国家实行进出口管理的许可证件以及海关要求的随附单证等。

具体来讲，企业向海关提交的报关单证可以分为五类：

（1）与电子数据报关单内容相一致的经企业和报关员签章确认的纸质报关单（如果是委托报关的，还要提交《代理报关授权委托协议》）；

（2）与进出口货物相关的贸易单证，包括贸易合同、商业发票、装箱清单等；

（3）与进出口运输相关的单证，如载货清单（舱单）、提（运）单等；

（4）进出口货物如属于国家实行进出口管理，应提交相关许可证件；

（5）与海关监管、征税相关的其他单证，如加工贸易手册、征免税证明、原产地证明等。

海关提醒 货物实际进出口前，海关已对该货物作出预归类决定的，进出口货物的收发货人、受委托的报关企业在货物实际进出口申报时应当向海关提交“预归类决定书”。

二、海关审单要点

您也许会很好奇：申报后，海关怎样对提交的电子报关单或纸质报关单进行审核呢？这个环节，海关称之为审单，下面作一些简单的介绍。

海关审单环节主要是以风险分析和信息技术为手段，依托已设定的各种风险参数及业务数据库的支持，由海关H2000计算机系统的电子审单和海关人工专业审单两个作业环节构成。

（1）计算机系统的电子审单后，将向企业发出下列信息。

1）不接受申报。

企业应根据电子审单提示信息进行修正后重新申报。

2）接受申报。

计算机系统记录接受申报时间，并将报关单电子数据进一步流转到以下作业环节：

①专业审单环节（红通道）：计算机系统发布“等待处理”信息。

②现场审单环节（绿通道）：计算机系统发布“接单交单”信息，企业可备齐报关单证到现场海关办理通关手续。

③现场放行环节（放行交单通道）：计算机系统发布“放行交单”信息，企业可备齐报关单证到现场海关办理放行手续。

④无纸通关环节（无纸通道）：计算机系统发布“无纸审结”信息，企业可打印“进出口查验/放行通知书”到现场海关办理货物验放手续。

（2）若报关单经电子审单环节流转到专业审单环节后，专业审单人员会对报关单作进一步审核，企业会看到如下指引：

1）退回修改。

不符合报关单填制规范的报关单电子数据予以退单，计算机系统对外发布“退回修改”信息。

2）现场验放。

专业审单审结的报关单电子数据，企业可以在计算机系统看到“接单交单”、“放行交单”、“无纸审结”的信息。

3）转现场验估。

涉及商品归类、价格、原产地等疑难专业技术的，报关单电子数据也会流转到现场海关验估岗作进一步审核，企业看到的信息是“等待处理”或“与海关某部门联系”。

案例 1

企业遭遇“申报不实”

2012 年 5 月，南方某大型水泥公司（以下简称“水泥公司”）从德国进口 100 吨乙烯胶粉（货物英文名称 ETHYLENE MATERIAL）。该批货物到达海关监管码头后，在规定期限内向海关进行了申报，申报名称、海关商品编号分别为乙烯胶粉、29012100。海关提取了该票乙烯胶粉的样品送验，隔日，海关化验中心出具的化验鉴定证书表明该批货物是以醋酸乙烯为主要成分的聚合物，海关商品编号应为 39052900。因此，企业构成申报不实行为。

海关认为水泥公司的行为构成申报不实，根据《海关法》第 24 条明确规定：收、发货人有向海关如实申报的义务，而实际申报归类错误，已经具备申报不实违规行为的充分要件，应当给予处罚。

综合上述案例，我们作具体说明：

（1）企业为什么发生申报不实的情况？

可能构成申报不实的内容主要是报关单上的项目，如进出口货物的品名、税则号列、数量、规格、价格、贸易方式、原产地等。由于企业申报时的疏忽大意，导致申报不实的案例在全国每个关区都时有发生。根据《海关法》第 24 条的规定：进口货物的收货人、出口货物的发货人应当向海关如实申报，交验进出口许可证件和有关单证。如果收发货人向海关申报内容与事实不符，对海关监管、税款征收、贸易统计等产生影响的，则构成申报不实。

（2）企业如何避免“申报不实”？

①一旦出现申报不实，报关程序即转入海关案件办理程序，企业各方

面的损失都不可避免地存在。亡羊补牢不如未雨绸缪，有几条建议供大家参考：

谨慎选择报关代理企业和报关人。这些年，我国的报关员队伍有了很大的发展，一些高学历、高素质，既熟悉法律又精通国际贸易规则的人士加入，整体水平有了较大的提高。但总的来看，报关员队伍依旧存在着良莠不齐的现象。如果企业仅仅看重对方的专业，忽视其实际能力，将报关事务全权委托过去，一旦出现申报不实，最终的责任还是要落到企业自己头上。

②企业应充分使用法律赋予的申报前验货权和申请货物的预归类。《海关法》第27条规定，允许当事人向海关申报前事先查看货物、提取货样。第43条规定，海关可以应当事人申请对拟进出口货物预先作出预归类的行政裁定。这两个条款既有完善海关监管的考虑，也是对当事人通关权益的保障。其法律意义在于：当事人需对进口货物与申报内容的符合程度（单货相符、证货相符、单证相符）有充分的确信，如果有疑问，企业可以通过事先查看货物、提取货样、申请预归类等来弥补。如果当事人放弃这些权利，应视为对申报真实的确信。如果最终出现申报不实，当事人应承担相应责任。

③签订货物进口合同和报关委托协议时增加申报不实责任分担条款。如因为外方发货原因导致单货不符，或者因报关代理人失误导致的申报不实，在合同中可特别注明由谁来承担损失。需要说明的是：合同中这些约定并不会对海关的行政处罚产生任何影响，进出口货物的发货人仍然是行政处罚的当事人，民事上的约定不会对海关的行政处罚产生约束力。但在海关处罚后，企业可持“处罚决定书”及罚款收据通过民事手段向责任方索赔，以弥补在经济上受到的损失。

第二章　配合查验

验货？会不会赶不上船期？会不会损坏我的货物？不少进出口货物的收发货人得知其货物被海关通知要求查验后，因为对海关查验的运作情况心中无数，总是感到心里发慌，担心会延误交货或损坏货物。

其实，您的这种担心是完全没有必要的。进出口货物查验（Customs Inspection）是指海关在接受申报并审核报关单证的基础上对进出口货物进行实际校对检查，是海关代表国家行使货物监管权的有效体现。查验的目的是核对您的实际进出口货物与报关单证所报内容是否相符，有无错报、漏报、瞒报、伪报等情况，审查货物的进出口是否合法，确定货物的物理性质和化学性质。查验是海关履行监管职能的一项基本工作，对进出口货物按一定比例实施查验，是一种正常的执法监管行为，对于维护正常贸易秩序是很有必要的。而且，海关查验是在维护货主合法权利的前提下，严格的遵守程序，完全没有必要担忧。

下面就为您介绍一些海关查验的情况，让您提前做好查验准备工作，保证货物及时放行。

第一节　海关查验重点

一、海关为什么查验

海关为确定进出口货物收发货人向海关申报的内容是否与进出口货物的真实情况相符，或者为确定商品的归类、价格、原产地等，依据海关法及其他相关法律法规，需要对您进出口的货物进行实际核查，为了能更快更好地完成查验，海关也需要您对海关的查验执法行为予以配合。

二、查验的两种类型

海关实施查验的方式主要有两种：人工查验与机检查验。

人工查验不需多言，机检查验对一些货主来说可能比较新鲜。具体来讲，机检查验就是指利用技术检查设备（X 光机）对货物进行透视扫描，根据扫描形成的图像来分析验核货物的实际状况是否与您报关单证申报的内容相符。

海关 H986 查验情况

拓展阅读 中国海关 H986 工程是海关总署为提高海关在货运监管工作中的技术查验能力，保持打击走私的高压态势，在全国海关范围内实施的一个战略性系统工程。自 1999 年第一套 H986 系统在天津东港海关建成投入使用以来，已有数十套设备在全国部分海关陆续投入使用。H986 系统是首次大范围在海关监管工作中应用的高新科技手段，该系统利用先进的 X 光扫描成像查验技术，对进出口集装箱货物实施高效、严密的监管，使反走私工作如虎添翼，有效地促进了经济的发展。

使用机检查验的方式，如果没有发现异常情况，海关一般不再开拆货物包装。这种查验方式速度比较快，对货主和海关的工作都有好处，是目前海关倡导的“非侵入式查验”的发展方向。不过，这种查验方式也有其局限性，并非所有的货物都适用。一般来讲，机检查验对集装箱装载的大宗单一商品、不宜直接开拆的商品、有夹藏嫌疑的商品和危险品等货物较为适宜。如果您的货物属于以上范围，就可以向海关提出机检查验的要求。

另外，按查验过程中的详细程度来分类，海关查验可以分为彻底查验、抽查和外形查验三种方式。

彻底查验是指对货物逐件开箱（包）查验，详细验核货物的品名、规格、型号、数量、重量等方面的状况是否与申报相符，属最高等级要求的查验方式，一般适用于有走私违规嫌疑的货物。

抽查是指按一定比例对货物有选择地开箱（包）验核货物状况，属一般等级的查验方式，适用于普通情况的货物。

外形查验是指仅对货物的外形包装、标记和装运单证等进行外形查看并验核其是否与申报相符，属最低等级的查验方式，适用于风险程度低的货物和机械设备、散装或者裸装货物等。

总之，您的货物具体适用哪种查验方式，视风险程度而定，高风险的货物会仔细查验，低风险的货物则简单查验。

三、海关查验关注的要点

根据海关法规定，海关查验的对象包括进出境的货物、物品和运输工具。那么海关查验的重点是什么呢?

（1）是否单货相符。具体而言，就是指实际核对和检查您的货物与物品的品名、规格型号、数量、重量、价值和原产地等是否与您报关单申报的内容相符。

（2）归类是否正确。您申报的进出口货物归类是否正确，是海关监管、征税、统计的基础，是判断您的货物是否涉及相关监管证件、如何计征税款的前提条件。

（3）查验运输工具。实际检查装载您货物的进出境运输工具是否有改装、夹藏，是否符合海关监管要求。

小贴士 归类很重要！不管是对您还是对海关而言，对您的进出口货物作出正确归类是通关便捷高效的前提。在无法确定您的货物正确归类的时候可以多咨询海关。

第二节 企业配合海关查验的技巧

了解了海关查验的要求和重点，下面就需要您提前做好一些查验前的相关准备工作，保证您的货物及时放行。

一、整齐堆放货物

您的进出口货物运抵海关监管场所了吗？您的货物摆放整齐吗？您的货物都在一个区域吗？您的货物是拼箱货还是整箱货？有些货主不注意货物的摆放，整个货柜的货物都是乱堆乱放，搅在一起。这样就给海关查验增添了难度，必然增加装卸和查验的时间，最终还是给您自己造成时间、利益和效率损失。因此，查验前，一定要将您的货物尽量堆放整齐。如果一个货柜中有多个品种货物，最好分区摆放，把相同品种的货物放在一起，以便海关抽查。

货物堆放情况

二、备好资料并及时到场

根据《海关法》规定，海关实施查验时，货物的收发货人或其代理人必须到场，并按海关的要求负责办理货物的搬移、拆装箱和重封货物的包装等工作。

海关提醒 在海关通知您的货物要求查验后，您应及时备齐有助于说明货物品名、规格、数量、重量、原产地、价值等情况的资料，例如装箱单、提单、备案合同、发票、产品说明书等，在规定的时间内赶到海关查验区配合查验。把这些资料及时提供给海关，将对缩短货物查验时间、减少双方意见分歧非常有利。而且，一些不宜直接开拆的货物也及时向海关解释说明以免损失。由于一些进出口企业所在地离海关查验区较远，这些资料难以及时送达，因此最好在通关时由代理人（如货代、报关企业）携带，这样当海关要求查验时就能及时提供，以免“临时抱佛脚”。

三、收货前检验

虽然您准备好了相关单证，但是千万不要以为可以高枕无忧。现在，很多企业往往是通过传真、电子邮件或者电话与外商商谈进出口业务，对进出口货物最多看看样品。而进口商品经多个环节、远涉千山万水到达我国口岸时，其规格、数量、重量甚至性质等情况有时与原来合同会出现不一致（比如对方发错货）。这时候，您如果还是依照原来合同的规格、数量、重量向海关申报就会出现单货不符的情况。这种情况，被海关查验发现，虽然有些冤枉，但处罚还是免不了的。实际上，《海关法》是允许货主在申报前查看货物或者提取货样的。因此，货主可根据实际情况行使这个权利。如果对进口货物的情况心里没底的话，还是提前验看货物再申报；否则，等到海关查验时才发现单货不符就为时已晚了。

海关提醒 如果您的进出口货物具有特殊属性，由于开启、搬运不当等原因容易导致货物损毁，需要海关查验人员在查验过程中予以特别注意的，希望您或者您的代理人一定要在海关实施查验前予以声明，避免出现不必要的损失。

四、及时更新知识产权备案

近年来，海关进一步加大了对知识产权的保护力度，涉及知识产权方面的案件纠纷也越来越多。目前，各地海关在查验过程中核实进出口货物是否涉嫌某品牌侵权时，一般是通过海关内部网络上的知识产权备案库来核查该品牌权利人是否授权货主。如果属于已经授权的企业，就没有问题，如果发现是未授权企业，则要通过海关法规部门联系权利人核实情况。由于贸易情况千变万化，权利人授权的企业经常是不断变化的，但是不少权利人没有及时向海关申请更新授权企业名单，从而导致不必要的纠纷和通关延误。因此，如果您是拥有受海关保护的知识产权权利人，请您及时申请更新授权企业资料，以免耽误您正常通关。

海关提醒 守法才是最好的配合！目前，全国各地海关都相继推出了很多有助于加快通关、加快查验的优惠措施。例如，加急通关、预约通关、集中申报等。还推出了“属地申报、口岸验放”的快速通关模式。但是，这些快速通关措施往往只适用于高信用企业，并非所有企业都可享有。因此，如果您想要享有海关提供的各种优惠通关措施，减少查验的概率和简化查验过程，最好的途径就是严格遵守海关相关法律法规，争取成为高信用企业。这是对海关工作最好的配合，也是企业自身发展国际贸易最好的保障。做到以上几点，相信您的查验货物一定能顺利放行！

第三节　海关如何查验货物

一、查验的时间及地点

海关查验货物的时间一般约定在海关正常工作时间内。查验地点一般在海关监管区内。如果您的货物易受温度、静电、粉尘等自然因素的影响，确实不宜在海关监管区内实施查验，或者因其他特殊原因，需要在海关监管区外查验的，您或者您的代理人可以向海关提出书面申请，海关可以视情况派员到海关监管区外实施查验。

二、海关查验的基本流程

您的货物被海关确定查验后，您或者您的代理人需要拿着相关单据，到现场海关查验受理部门办理查验计划做好查验准备。

小贴士　相关单据包括海关制发的查验通知单、报关单、场站收据、海运提单（运单）、发票、装箱单（复印件）、产品说明及其他海关要求的单证。

海关根据查验计划安排，依次对需要查验的货物实施现场查验。

海关提醒　如果您的货物属于危险品或者鲜活、易腐、易烂、易失效、易变质等不宜长期保存的货物，以及因其他特殊情况需要紧急验放的货物，那么您或者您的代理人可以向海关提出申请，海关可以视情况优先安排查验。

案例 2012年7月上海××进出口有限公司向上海海关申报进口菲利宾芒果一批，海关要求对该批货物实施查验，因受台风影响，该票货物在海上耽误了一些时间，如果再按正常的吊柜时间排队查验，必将影响芒果的新鲜度，给芒果的销售价格带来较大影响。于是，该进出口公司向上海海关提出了书面申请，申请对该批芒果优先查验，经正常审批后，海关派员在监管区优先安排了对该批货物的查验，查验正常后办理了放行手续，确保了鲜活商品的快速通关。

在实际查验中，海关会根据情况对卸货有不同的要求。比如彻底查验是对货物全部卸开，逐件开箱；抽查是卸下部分货物，有选择地开箱。因此，您或者您委托的代理人应根据海关的卸货要求，自行或委托口岸、码头或者仓库的搬运公司搬移、开拆和重封货物，并负责由此产生的相关装卸费用。

海关并非对每一票查验货物都要送检化验。但是，如果海关对您的货物性质有所怀疑，在实施查验时需要提取您货物的货样或者化验，以进一步确定或者鉴别您的货物的品名、规格等属性的，您就有配合海关取样送检的义务。海关化验工作制度规定，海关对进出口货物要求取样送检时，货主或其代理人应及时到场；在海关查验人员的监督下按照取样要求进行取样（特殊样品应由相关专业技术人员提取样品），并提供有关单证和技术资料，如产品说明书、生产工艺流程等，协助海关做好取样、化验工作。

小贴士 在取样送检过程中，如果您所提供的技术资料涉及商业秘密，您或者您委托的代理人一定要事先声明！按照海关法规定，海关负有保密责任。如果海关工作人员泄露企业的商业秘密，会得到相关的纪律处分。因此，请放心协助海关送检，不必担心泄密的问题。

请您牢记！海关在确定对您的货物查验后，您或者您委托的代理人应及时派员到达指定的查验作业区配合、协助海关查验，协助查验人员应出示有效证件并负责搬移货物、开拆和重封货物的包装，当海关对相关单证或货物有疑问时，应负责解释说明，回答询问。注意：《海关法》规定，当海关认为有必要时，即使您或者您的代理人不在场，海关也可以径行开验、复验或者提取货样。如果超过规定时间不到又没有合理的理由，海关将对您的货物径行开拆查验，由此可能引起的相关损失是由您负担的。例如，一些不宜直接开拆的货物被海关开拆，导致损失等。所以，您应清楚海关的查验通知，及时到场配合。

案例 某企业向当地海关申报进口一批咖啡壶，货物已运抵海关监管区内的仓库，海关根据情报得知该批货物有问题，于是在没有通知该公司的情况下，由仓库管理人员陪同对这批货物进行了查验，发现该批货物是高档音响器材。该企业以海关查验时报关员不在场为由，拒绝承认查验结果。那么当地海关是否可以以此查验结果对其进行处罚呢？完全可以。因为海关查验时，虽然货物的所有人不在场，但有仓库人员陪同查验，因此仍符合径行开验的程序，查验结果也是有效的。

三、海关查验货物是否收费

海关在监管区内实施查验不会收取任何费用。

如果因查验而产生的进出口货物吊装、搬移、开拆或者重封包装等费用，一般是由帮助您吊装、搬移、开拆或者重封包装货物的搬运公司、运输公司、港务部门收取。这些费用是由您或者您的代理人来承担的。

在特殊情况下，如果您要求海关在海关监管场所以外的地方查验。并且事先已报经海关同意，海关可以视情况派员去您的仓库、码头及其他货物堆放场地进行查验。您或者您委托的代理人应当按照规定向海关缴纳规费并提供相应交通便利。

海关提醒 一定不要上当受骗！近年来，总有个别报关员、代理人利用货主对海关查验不了解的机会，在查验收费、“好处费”等方面诈骗货主。货主一定要警惕。海关作为准军事化建设的队伍，在廉政建设方面一直坚持严格管理，同时也有完善的投诉处理机制。因此，如果遇到这种情况，可以向海关相关负责部门投诉。

案例 2011 年 7 月，湖南××进出口有限公司委托深圳××报关公司向深圳海关申报进口塑胶粒一批。深圳海关对该批货物实施查验后，正常放行。该报关公司报关员刘×却向湖南××进出口有限公司谎称该票货物规格不符，被海关扣货，海关查验关员需 10 万元好处费打点才可通融。该进出口有限公司因对海关查验业务不熟悉，对报关员的说法将信将疑，无奈之下派员前往现场海关了解情况。经海关现场查询该票货物早已办理了查验放行手续。所谓 10 万元“好处费”等说法，纯属报关员刘×的个人诈骗行为。

第四节　海关查验中企业享有的权利

海关要查验您的货物，您有义务配合，那您又会问了，我能享有哪些权利呢？权利义务可是对等的啊，下面就为您介绍在海关查验时享有的权利。

一、损坏赔偿

海关查验把货物损坏了，该怎么办？不用担心，由海关查验给您造成货物损失的，海关会赔偿您的实际损失。海关相关法规规定，海关在查验进出口货物时，损坏被查验货物的，应当赔偿实际损失。这是一条对海关具有很强约束力、充分维护货主权利的规定。也就是说，海关在查验货物时，不论海关在主观上有无过错，只要在客观上给您的被查验货物造成损坏，就必须赔偿货物的实际损失。

二、申请复验

海关相关法规规定，如果货主对海关的查验结论存有异议，可以提出复验的要求。海关视情况批准同意后，会对已经查验的货物进行复验。复验时海关将另外安排人员进行，原来的查验人员是不会参加的。

三、特殊情况申请免验

海关相关法规规定，进出口货物因特殊情况需要免验的（如我驻外大使馆高级人员进出境的行李物品），由货主直接向海关总署申请，经海关总署批准可以免验。

四、申请担保放行

海关相关法规规定，在确定货物归类、估价或者办结其他海关手续前，货主要求放行货物的，海关应当在其提供与其依法应当履行的法律义务相适应的担保后放行。这是一条有助于您加快通关速度的规定。如果在查验过程中，海关要求对货物取样送检，而货物的交货时间很紧，作为货主您可以向海关申请担保放行。在符合有关担保规定的前提下，海关将允许办理担保后放行。

海关提醒 在下列情况下，经海关审核同意，可接受担保申请：（1）暂时进出口货物；（2）国家限制进出口货物，已领取了进出口许可证件，因故不能及时提供的；（3）进出口货物不能在报关时交验有关单证（如发票、合同、装箱清单等），而货物已运抵口岸，亟待提取或发运，要求海关先放行货物，后补交有关单证的；（4）正在向海关申请办理减免税手续，而货物已运抵口岸，亟待提取或发运，要求海关缓办进出口纳税手续的；（5）经海关同意，将海关未放行的货物暂时存放于海关监管区之外场所的；（6）因特殊情况经海关总署批准的。

小贴士 除了以上权利外，您还享有前文提到的申请区外查验（非海关监管区内）、申请优先查验、要求海关保守商业秘密等相关权利。

第五节 查验的后续处理

海关终于查验完我的货物了，可以放行装船了吧？当然没有问题。如果您的货物查验没有发现异常，海关查验人员会根据查验情况填写查验记录，下面，您就可以拿好相关单证到海关审单部门做放行处理了。不过，如果您的货物查验出现异常，可能就要花费时间做好相关后续处理了。那么，海关会对查验出现异常的货物做哪些处理呢？

一、移交处理

如果您的货物涉嫌走私或违规需移送缉私部门处理的，海关查验部门会将案件及相关单据移交稽查或者缉私部门；如果货物是涉及知识产权，案件则会移交法规部门。采用此种移交方式，一般指经查验发现您的货物与报关单指标“品名、数量、归类、规格、价格、贸易方式、原产地、起运地、运抵地、最终日的地”等申报内容严重不实，或者性质情节恶劣，严重干扰进出口外贸秩序，所以会移交相关部门做进一步处理。

二、估价处理

如果经海关查验发现您的货物品质、型号、成分、状态或其他指标申报不实，不构成移交缉私或稽查部门处理的，但需对您的申报价格进行重新估价处理的，海关查验部门会把您的相关单据流转至海关税费岗位验估，做进一步处理（此种情况多出现于一般贸易）。

三、补税处理

如果您的货物指经查验发现数量、品质、成分等指标申报不实，不构成移交缉私或稽查部门处理的，但是对货物的归类发生改变，同时相应的税率也发生改变，需您补缴税款的（此种情况也是经常发生于一般贸易）。

四、补证处理

如果经查验发现您的货物品名或归类申报不实，实际货物需要递交《海关法》规定的进出口许可证件的（如配额许可证、机电产品许可证）或其他检验机构制发的证件（如国家检验检疫机构制发的“通关单”）的，但又不构成移交缉私或稽查部门处理的，那么您需要补交相应的许可证件。

五、退运处理

如果您的进出口货物经查验发现，不符合国家进出口管制政策的（如国家禁止进出口的商品），海关就要对您的货物做责令退运处理；或者其他情况（如进口货物质量指标与合同不符），经海关查验之后，您要主动申请退运的，海关就要办理相应退运手续。

六、退单处理

如果您的进出口货物经查验发现，报关单某一种或几种指标申报不实（如件数、重量），不构成移交处理，又无须补税补证等异常处理的，但需对报关单相关指标进行撤销重新申报处理的（习惯上称为删单重报）。

七、改单处理

指经查验发现，报关单个别指标申报不实，不构成移交处理，并无须补税补证等异常处理，但需对报关单相关指标进行修改处理的。

八、暂扣货物处理

暂扣货物处理并不是最终处理结果，一般是海关查验发现异常但不能立即查明情况或不能确定如何处理时临时使用。例如，海关发现知识产权侵权嫌疑后，在程序规定的时限内可暂扣货物以等待权利人的回复确认。

第三章　缴纳税费

海关征税是海关依法征收关税、进口环节税、船舶吨税等税收的行政执法行为，是国家保护国内产业、实施财政政策、调整产业结构、发展进出口贸易的重要手段。关税是国家财政收入的重要来源，其征收主体是国家，国家将这一征税的权力授予海关，海关是征收关税的唯一机关。对纳税义务人来说，其缴纳税费流程也是海关根据《海关法》第二条的规定及其他有关法律、行政法规和规章的要求，确认进出口货物的税则号列、完税价格、原产地、适用的税率和汇率后计征税款，并填发税款缴款书。纳税义务人凭海关填发的税款缴款书向指定的银行缴纳税款。

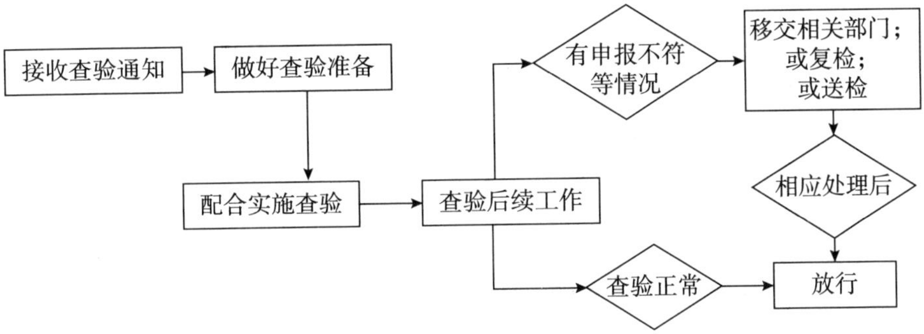

缴纳税费流程简图

上述流程简图说明，归类、价格、原产地共同构成了征税的三大要件，通过商品归类的确定、完税价格的审定以及货物原产地的确定，就可以得到计算税款的前提要件：海关完税价格及税率，海关通关管理系统（现行为 H2000 通关系统）根据确定好的完税价格和税率计算税款并出具税单后交由纳税义务人缴纳税款。

第一节 归类准确

征收关税需要具备四个基本条件：一是确定商品在税则目录中的位置；二是海关估价；三是税率；四是纳税人。一般来说，确定了商品的归类之后，关税的税率也就自然而然确定了。因此，正确的商品归类是企业缴纳税费的基础，简而言之，“一切从商品归类开始”。

商品归类直接决定商品的税则号列，涉及海关关税税率的适用，或者影响国家贸易管制政策的执行，或者影响国家出口退税管理等。对于进出口货物的商品归类，进出口货物收发货人负有向海关如实申报并按照海关规定提供相关资料的义务；作为国家进出境监管机关，海关享有对进出口货物商品归类的审核确定权，对商品归类申报不实的，海关可以依法区分影响海关统计准确性、海关监管秩序、国家税款征收、国家许可证件管理、国家外汇管理、出口退税管理等不同情形对进出口收发货人予以处罚，并没收违法所得。实践中，有大量的企业因为HS编码申报错误，而被海关进行行政处罚。企业受到处罚后，不仅造成了财产损失，延迟了通关时间，还降低了企业的信誉，影响了企业的海关分类。由此也可以看出，商品归类申报与进出口收发货人权益息息相关。那么，企业怎样才能做到准确归类呢？

一、企业怎样做到准确归类

商品归类是指在《商品名称及编码协调制度公约》（简称《协调制度》）商品分类目录体系下，以《中华人民共和国进出口税则》（简称《税则》）为基础，按照《进出口税则商品及品目注释》（简称《税则注释》）、《中华人民共和国进出口税则本国子目注释》（简称《本国子目注释》）以及海关总署发布的关于商品归类的行政裁定、商品归类决定的要求，确定进出口货物商品编码的活动。

（一）准确归类应遵循的步骤

商品归类是海关各项业务的基础，也是进出口收发货人的基本义务。企业按照税则的规定，将进出口商品恰当地归入税则中的某一税号，确定其适用的税率，才能计算出有关商品的税负。

商品归类是一项技术性、专业性极强的工作，要做到准确归类，除了熟悉税则的基本结构、内容、归类原则和每个税号的范围及它们之间的关系外，还必须具有物理学、化学、生物学等基础学科知识和丰富的商品知识，了解各种进出口货物的属性和用途等。

（1）弄清归类的对象，了解它的构成、材料属性、成分组成、特性、用途和功能。

（2）查找有关商品在税则中拟归的类、章及税号。查找时应注意《税则》中商品的排列，对于原材料性质的货品，应首先考虑按其属性归类；对于制成品，应首先考虑按其用途归类。

（3）将考虑采用的有关类、章及税号进行比较，筛选出最为合适的税号。在比较、筛选时，首先要看类、章的注释有无具体描述归类对象或其类似品，已具体描述的，按类、章的规定办理；其次要查阅《协调制度》，确切地了解有关类、章及税号的范围。

（4）通过以上方法还难以确定税则归类的商品，可运用归类总规则的有关条款来确定税号。

海关提醒 商品归类报验状态的规定：

进出口货物的商品归类应当按照收发货人或者其代理人向海关申报时货物的实际状态确定。以提前申报方式进出口的货物，商品归类应当按照货物运抵海关监管场所时的实际状态确定。“报验状态”按以下原则认定：

（1）由同一运输工具同时运抵同一口岸并且属于同一收货人、使用同一提单的多种进口货物，按照商品归类规则应当归入同一商品编码的，该收货人或者其代理人应当将有关商品一并归入该商品编码向海关申报。

（2）法律、行政法规和海关总署规章另有规定的，按照有关规定办理。

（二）了解六条归类总规则

货品在协调制度中的归类，应遵循归类总规则。归类总规则共有六条，是指导整个协调制度商品归类的总原则，是具有法律效力的归类依据。

（1）类、章及分章的标题，仅为查找方便而设；具有法律效力的归类，应按税目条文和有关类注或章注确定。例如税目、类注或章注无其他规定，按下述规则确定。

海关提醒 缺乏系统化培训的归类初学者往往认为总规则一空洞而缺乏具体含义，但实际上该条规则旨在说明的是归类工作者在确定一个商品的归类时，品目条文、类注和章注应作为其最优先考虑的因素，而不是类、章及分章的标题，或者协调制度一般的编排原则（如制成品的税号较原材料靠后等），或者其他任何的“速记口诀”。因此对于归类初学者，我们强调尽可能通过品目条文和类注、章注寻找答案。换言之，总规则一的绝对优先权以及对其他总规则的谨慎使用。然而，从另一个角度看，也应防止总规则一滥用的倾向，以至于任何归类推理的依据都是“归类总规则一及六”。

（2）税目所列货品，应包括该项货品的不完整品或未制成品，只要在进口或出口时该不完整品或未制成品具有完整品或制成品的基本特征；还应包括该项货品的完整品或制成品（或按本款可作为完整品或制成品归类的货品），在进口或出口时的未组装件或拆散件。

税目中所列材料或物质，应视为包括该种材料或物质与其他材料或物质混合或组合的货品。税目所列某种材料或物质构成的货品，应视为包括全部或部分由该种材料或物质构成的货品。由一种以上材料或物质构成的货品，应按第三条规则归类。

（3）当货品按第二条规则或由于其他原因看起来可归入两个或两个以上税目时，应按以下规则归类：

①列名比较具体的税目，优先于列名一般的税目。但是，如果两个或两个以上税目都仅述及混合或组合货品所含的某部分材料或物质，或零散的成套货品中的某些货品，即使其中某个税目对该货品描述得更为全面、详细，这些货品在有关税目的列名应视为同样具体。

②混合物、不同材料构成或不同部件组成的组合物以及零售的成套货品，如果不能按照上款归类时，在可适用本款条件下，应按构成货品基本特征的材料或部件归类。

③货品不能按照前两款归类时，应按号列顺序归入其可归入的最末一个税目。

（4）根据上述规则无法归类的货品，应归入与其最类似的货品的税目。

（5）除上述规则外，本规则适用于下列货品的归类：

①制成特殊形状仅适用于盛装某个或某套物品并适合长期使用的照相机套、乐器套、枪套、绘图仪器盒、项链盒及类似容器，如果与所装物品同时进口或出口，并通常与所装物品一同出售的，应与所装物品一并归类。但本款不适用于本身构成整个货品基本特征的容器。

②除上款规定以外，与所装货品同时进口或出口的包装材料或包装容器，如果通常是用来包装这类货品的，应与所装货品一并归类。但明显可重复使用的包装材料和包装容器不受本款限制。

（6）货品在某一税目项下多子目的法定归类，应按子目条文或有关的子目注释以及以上各条规则来确定，但子目的比较只能在同一数级上进行。除本税则目录另有规定的除外，有关的类注、章注也适用于本规则。

（三）熟悉海关商品归类审核工作的流程

海关商品归类工作分为三个阶段：报关前、通关环节和结关后，三个阶段的归类审核的程序分别如下。

1. 预归类

货物通关前，海关通过预归类制度实施前期归类管理工作。

根据《商品归类管理规定》，在海关注册的进出口货物经营单位，在货物实际进出口的45日前，可按规定向货物拟进出口所在地的直属海关申请就其拟进出口的货物预先进行商品归类（以下简称预归类），并按海关要求提供商品归类所需材料，直属海关归类职能部门按规定受理预归类申请、制发预归类决定并告知申请人。

小贴士

预归类制度

由于海关商品归类工作技术性强，并涉及化验等诸多环节，需要一定的时间才能得出结论，因此完全依靠在通关环节进行商品归类的做法，已不能适应海关通关作业改革的需要。为有效地提高海关归类的准确性和时效性，加速货物通关，增强政策法规的透明度，海关总署参照国际通行做法，实行预归类制度。

2. **通关环节的归类审核**

货物在通关过程中，海关各作业环节的工作人员按照岗位职责分工和作业流程，依法对收发货人或者其代理人申报的进出口货物商品名称、规格型号、商品编码等进行审核。根据《税则》、《税则注释》、《本国子目注释》等规定的要求，结合《中华人民共和国海关进出口商品规范申报目录》，对收发货人或者其代理人申报商品归类的行为进行规范。

（1）归类审核的依据。

归类审核依据包括《税则》归类总规则、类注释、章注释、子目注释及税目条文，《税则注释》，《本国子目注释》，海关总署作出的关于商品归类的有关规定及决定，包括总署制发的文件、总署及其授权机构制发的商品归类决定及总署转发的世界海关组织归类决定、归类技术委员会决议等。

小贴士

商品归类决定

海关总署可以依据有关法律、行政法规规定，对进出口货物作出具有普遍约束力的商品归类决定。商品归类决定的制发范围：

（1）总署及其授权机构在处理海关内部疑难问题过程中或监控过程中发现需要公开统一规范的商品归类问题；

（2）由总署发布的中国海关协调制度商品归类技术委员会所作出的商品归类意见；

（3）由总署发布的世界海关组织协调制度委员会作出的商品归类决定；

（4）经总署或其授权机构认定申请预归类的商品归类事项属于《税则》、《税则注释》、《本国子目注释》以及总署发布的关于商品归类的行政裁定、商品归类决定没有明确规定的；

（5）其他总署认为需要作出商品归类决定的情形。

海关提醒 商品归类决定由总署对外公布。进出口相同货物，应当适用相同的商品归类决定。作出商品归类决定所依据的法律、行政法规以及其他相关规定发生变化的，海关总署及时公布失效的商品归类决定。海关总署发现商品归类决定存在错误的，及时予以撤销并对外公布，被撤销的商品归类决定自撤销之日起失效。

（2）归类审核的内容。

主要有电子报关单或书面单证的中英文品名、规格型号、所申报的商品编码等相关数据，掌握有关商品的构成、材料属性成分、特性、工作原理、功能及用途等足以正确进行商品归类的相关材料。

（3）海关可行使的权利。

为确定商品归类，海关可以要求进出口货物经营单位及其代理人提供确定商品归类所需的有关资料，必要时可要求其作出补充申报，以进一步了解货物的形态、性质、成分、加工程度、加工工艺、结构原理、功能、用途等技术指标或技术参数，以及货物的进出口状态，掌握正确归类所需的一切证据，作出正确的归类。为确定商品归类，海关有权组织对进出口货物、进出境物品实施查验、化验，并将海关认定的化验、检验结果作为商品归类的依据。

拓展阅读

海关化验

海关化验是指海关对进出口货物的属性、成分、含量、结构、品质、规格等进行检测分析，并根据《税则》、《税则注释》、《本国子目注释》、国家标准及行业标准等有关规定作出鉴定结论的活动。

海关化验业务流程图示如下：

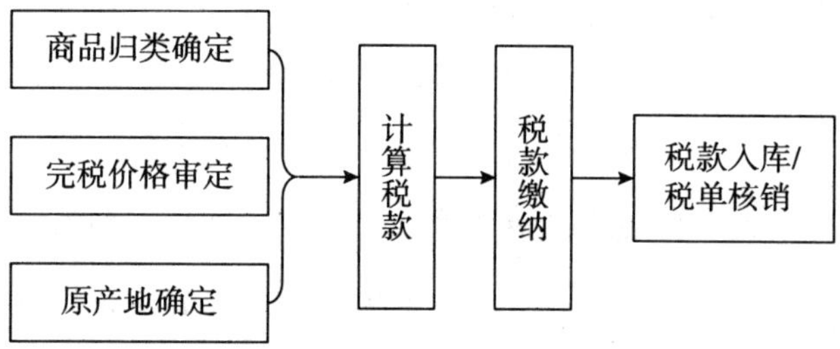

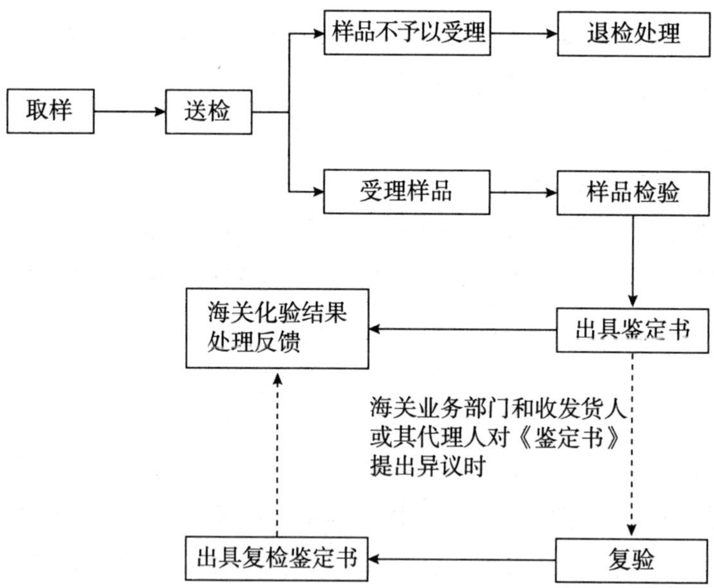

（4）管理相对人的权利。

海关对货物的商品归类审核完毕前，收发货人或者其代理人要求放行货物的，应当按照海关事务担保的有关规定提供担保。

（5）审核修改。

海关经审核认为收发货人或者其代理人申报的商品编码不正确的，可以根据《中华人民共和国海关进出口货物征税管理办法》（简称《征税管理办法》）有关规定，按照商品归类的有关规则和规定予以重新确定，并且根据《中华人民共和国海关进出口货物报关单修改和撤销管理办法》等有关规定通知收发货人或者其代理人对报关单进行修改、撤销。

（6）解决归类问题程序。

对通关过程中发生的归类疑难问题或有文件规定需要上报的商品，应按有关规定报商品归类职能部门确认商品编码，依照上级归类职能部门作出的归类指导意见或归类决定确定归类。

3. 结关后的归类审核

货物通关环节完成后，海关各商品归类部门和职能管理部门按照相关规定开展归类监控、风险分析和归类工作评估。

小贴士 预归类、商品归类行政裁定以及商品归类决定的主要区别如下：

	启动人	内容性质	决定人	适用对象	适用范围
预归类	管理相对人	有明确规定	直属海关	申请人	作出预归类决定的直属海关关区
归类行政裁定	管理相对人	无明确规定	海关总署或其授权机构	所有管理相对人	关境内统一适用
归类决定	海关	有明确规定/无明确规定	海关总署或其授权机构	所有管理相对人	关境内统一适用

二、商品归类争议的解决办法

商品归类是一项技术性、专业性极强的工作，要做到每一种商品都准确归类，难度非常大。不同的企业，甚至是不同的海关，都可能因对进出口商品性质的理解和认识不同，而把同一种商品归入不同税则号列。进出口货物收、发货人如果同海关发生归类争议，怎样选择适合自身的解决渠道化解争议？

案例 2007年3月至6月，A公司在C海关出口10票钢铁类产品，申报品名为镍铁，出口税率为10%。C海关在监控中发现其存在归类风险，认为该商品的正确品名为“合金生铁”，正确商品编码应为7201500010，出口税率为20%，对该公司进行了补税处理。2007年7月至11月，该公司在B海关又申报出口9票同类产品，申报过程中，该公司均向海关提供了真实的出口合同、发票、质检机构的检验报告，但没有接受C海关的归类纠正，仍然申报商品名称为镍铁，商品编码为7202600000，出口税率为10%。B海关发现该公司的违法行为，于2008年7月以申报不实对该公司进行了行政处罚。

上述案例涉及两个问题：一是进出口货物收发货人应怎样正确认识海关商品归类；二是在对海关商品归类不服时，又应如何解决。

本案中，《税则》第七十二章钢铁的子目解释明确规定：“税号72.02项下的子目所列铁合金归类，在运用本规定时，本章注释一（三）所述的未列名的其他元素，按重量计单项含量必须超过10%”，即表明72.02项下的镍铁，其镍元素按重量计单项含量必须超过总重量的10%。

《关税条例》第三十一条还规定：“纳税义务人应当按照《税则》规定的目录条文和归类总规则、类注 、章注、子目注释以及其他归类注释，对其申报的进出口货物进行商品归类，并归入相应的税则号列。”《中华人民共和国海关进出口货物征税管理办法》第六条明确规定：“纳税义务人应当按照法律、行政法规和海关规章关于商品归类、审定完税价格和原产地管理的有关规定，如实申报进出口货物的商品名称、税则号列（商品编号）、规格型号、价格、运保费及其他相关费用、原产地、数量等。”二者明确规定了纳税义务人应按照有关归类依据对其申报进出口货物进行商品归类，并向海关如实申报，同时应对申报的商品编号（税则号列）承担法律责任。

案例中的A公司在对C海关商品归类不服时，没有采取正确的方式表达诉求、化解争议，反而采用更换申报海关的方式规避海关对其商品的归类纠正，最终导致自身必须承担违法的后果。那么，当出现商品归类纠纷时，应采取哪些途径来解决争议、化解纠纷呢?

《税则》作为行政法规，其自身具有概括性的特点，不可能对每一种商品都进行具体描述，并一一列名。而且，由于归类具有鲜明的技术性、专业性特点，在海关监管实际中，容易导致管理相对人与海关产生商品归类争议。此时，纳税义务人可以采取多种方式表达意愿和诉求，寻求争议的化解。

首先，企业要及时与海关审单人员沟通，向其解释清楚自己对货物归类的理解，并提供有关商品的相关资料或相关证据，争取得到海关的理解、认可；如最终各种努力未遂，则退而求其次，要求海关做退单处理。

其次，如果确认自己的归类正确，而海关认定的不妥，也要敢于坚持意见，企业可按照《中华人民共和国海关总署公告》（2007年第51号）明确规定程序与海关进行磋商。

最后，如果海关对申报不实的案件作行政处罚，当事人也可运用法律手段维护自己的合法权益，对商品归类的具体行政行为直接提起行政复议，对行政复议不服的还可以提起行政诉讼。需要注意的是，对海关确定商品归类的具体行政行为有异议，属于纳税争议，纳税争议属于复议前置，纳税义务人与海关发生争议应当先申请行政复议，对复议决定不服的才能申请行政诉讼。

此外，由于国家税收政策不断调整，因此国务院税则委员会每年都要对《税则》进行一次新的修改和调整，海关总署也是参与修改《税则》的重要部门。因此，除以上几种化解争议的方式外，管理相对人应积极通过行业协会、主管部门、海关门户网站等多种途径向海关提出商品归类及所适用税率的意见，以利于海关及时掌握市场动向与相关信息，为每年的《税则》调整工作提供参考。

第二节 价格审定

价格审定，是指海关遵循客观、公平、统一的原则，对进出口货物申报价格进行审定，确定进出口货物的完税价格。

进口货物的完税价格，由海关以该货物的成交价格为基础审查确定，并应当包括货物运抵中华人民共和国境内输入地点起卸前的运输及其相关费用、保险费。

出口货物的完税价格由海关以该货物的成交价格为基础审查确定，并应当包括货物运至中华人民共和国境内输出地点装载前的运输及其相关费用、保险费。

进口货物的成交价格，是指卖方向中华人民共和国境内销售该货物时，买方为进口该货物向卖方实付、应付的，并且按有关规定调整后的价款总额，包括直接支付的价款和间接支付的价款。

出口货物的成交价格，是指该货物出口销售时，卖方为出口该货物应当向买方直接收取和间接收取的价款总额。

海关提醒 成交价格来源于进口商的申报价格，但与申报价格又存在一定的区别，符合成交价格条件的申报价格必须同时满足以下三个条件：

（1）买卖双方之间存在真实的、公平的销售行为，销售没有受到与本次贸易无关的因素影响。

（2）申报价格必须完整地包括贸易的全部事实，间接支付和直接支付，预付款和后付款，实付或应付价格等。

（3）申报价格中必须完整地包括应税的全部费用，销售佣金、协助的费用、转售收益等。

以上三个条件缺一不可，否则海关将根据估价的法律法规对申报价格进行调整。

我是一家进口企业，海关认为我进口的商品申报价格偏低并提出质疑，我该如何处理？我没有低瞒报价格，我可以“无事一身轻”吗？

恰恰相反，纳税义务人在海关审价过程中，如果不积极配合，不主动提供相关价格资料，很可能导致自己的主张得不到海关的支持和认可，造成利益上的损失。曾发生过多起类似的案例，由于当事人对海关审价工作的程序和要求认识不足，未在价格质疑或者磋商过程中积极为自己的主张提供有力的证据支持，总认为海关是职权部门，理应掌握更多的价格资料，从而怠于履行自己的责任。在此，有两点须特别注意：

（1）根据《中华人民共和国海关审定进出口货物完税价格办法》（以下简称《审价办法》）的规定，买卖双方之间存在特殊经济关系一旦被海关审查认定后，纳税义务人对特殊关系未对成交价格产生影响负有举证责任，否则海关就有理由不接受其申报的成交价格。

（2）如果海关审查确认申报价格不符合《关税条例》和《审价办法》规定的成交价格条件，则申报价格的真实与否不影响海关对申报价格调整或者估定完税价格。有些纳税义务人认为海关必须首先核实其提供的资料不真实，才能不接受其申报价格。但实际上海关只要有证据证明申报价格不符合成交价格条件，就可依法对申报价格进行调整，行使估价的权力。

海关提醒 依法审价是《海关法》赋予海关应有的权力，经过风险分析，海关对进口货物的真实性、完整性存在疑问的情况下，可以向纳税义务人提出价格质疑。在海关提出价格质疑的情况下，纳税义务人或其代理人应在规定的时间内按照海关要求以书面形式向海关提供相关材料或者其他证据，对申报价格、贸易流程等情况作出解释，所提供材料应确保真实性、完整性。

一、价格审定的一般流程

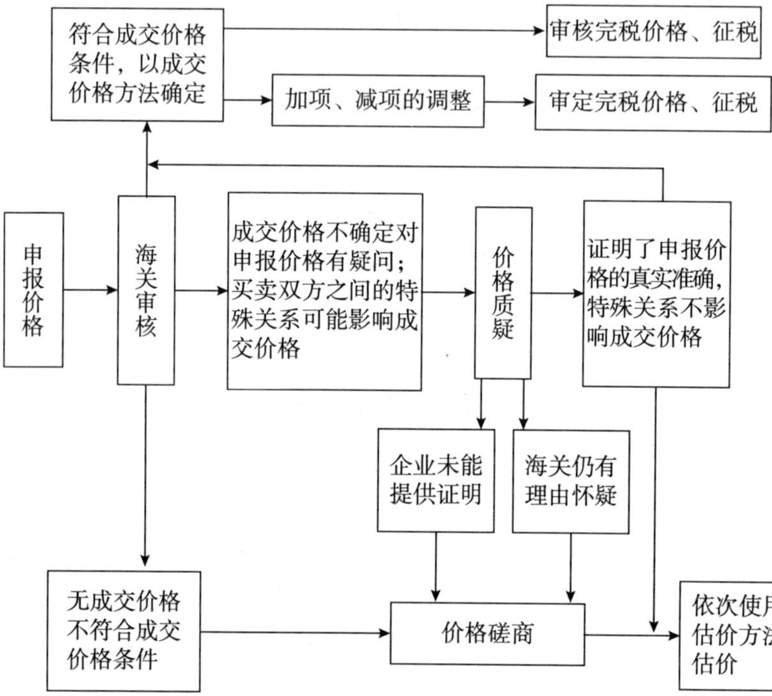

（一）海关对申报价格的真实性、准确性进行审核

为确定申报内容的完整性和准确性，海关可以要求收发货人、报关企业进行补充申报，填报“中华人民共和国海关进出口货物价格补充申报单”。需要进行补充申报的，海关应当书面通知收发货人、报关企业，收发货人、报关企业应当在收到海关书面通知之日起5个工作日内向海关办理补充申报手续，海关行政法规和规章另有规定的除外。收发货人、报关企业在规定时限内未能按要求进行补充申报的，海关可根据已掌握的信息，按照有关规定确定进口货物的完税价格。

（二）价格质疑

海关对申报价格的真实性、准确性有疑问，或者认为买卖双方之间的特殊关系影响成交价格时，将会履行价格质疑程序，并将质疑理由书面告知纳税义务人或其代理人，要求其以书面形式提供相关资料或者其他证据。

注意：海关单证审核的重点是什么？

审价人员审价时，一般对申报单证的以下内容进行重点审核。

1. **进出口合同**

（1）合同标的物条款：商品名称、质量等级、规格型号、单价、总价、成交数量、计量单位和包装条款等；

（2）合同价格条款：贸易术语、价格构成、计价币种等；

（3）合同运输条款：运输方式、运输责任、装运时间、装运港、目的港等；

（4）合同付汇（收汇）条款：支付（收款）方式、支付（收款）时间、支付（收款）币种等；

（5）合同保险条款：投保人、保险种类、投保金额等；

（6）合同其他条款，如合同佣金条款、检验条款、免责条款、索赔条款、法律适用条款、仲裁条款等；

（7）合同各项条款是否符合商业和国际贸易惯例，是否存在《审价办法》第十一条规定的相关加项费用或价值，是否存在《审价办法》第四十四条规定的相关减项税收或费用；

（8）合同的签订日期、执行日期与进口日期之间的逻辑关系是否合理，是否存在倒签合同的情况等。

2. **发票**

（1）发票所列内容是否与合同相符；

（2）对转口贸易进口货物，必要时可要求纳税义务人提供原厂发票。

3. **收付汇凭证**

（1）金额是否与合同、发票及申报价格相符；

（2）结算方式是否与合同、发票、申报情况一致；

（3）申请人和受益人（L/C 项下）是否与合同、发票、申报情况相符；

（4）其他结算方式下，收款人（付款人）是否与合同、发票、申报情况相符。

4. **运输单据**

（1）运输单据内容是否与合同、发票、保险单、结付汇凭证和申报内容相符；

（2）运费是否合理。

5. **保险单据**

保险条款、投保金额是否与合同、发票相符。

（1）质疑的提出。

海关质疑的理由和证据可以是多方面的，如申报价格大大低于现行的国际市场行情，申报价格大大低于同期或大约周期进口的相同或类似货物的价格，申报价格的构成因素有可能不完整或不准确，买卖双方存在特殊关系，单证之间有关价格的项目存在矛盾或疑问等。

（2）质疑的履行。

海关在核实价格的过程中，如对申报价格的真实性、准确性有疑问，或者认为买卖双方之间的特殊关系影响成交价格，会制发《中华人民共和国海关价格质疑通知书》，将质疑的理由书面告知纳税义务人或者其代理人，纳税义务人或者其代理人应当自收到《中华人民共和国海关价格质疑通知书》之日起5个工作日内，以书面形式提供相关资料或者其他证据。纳税义务人或者其代理人确有正当理由无法在规定时间内提供前款资料的，可以在规定期限届满前以书面形式向海关申请延期。除特殊情况外，延期不得超过10个工作日。

（3）质疑结果的处置。

通过价格质疑，通常可能出现以下几种情况：

①纳税义务人或者其代理人进一步提供有关资料、证据，海关经审核其所提供的资料、证据后接受其申报价格。

案例 某企业向海关申报进口一批鱼粉。经审核，发现合同签约日与实际装运日相差近半年时间，期间鱼粉价格上涨，且合同规定装运时间、信用证载明最迟装运时间与实际装运日均不相符。对此，审价人员直接向企业提出质疑。答疑时，企业也认为合同签约日与实际装运日相隔时间过长确实不符合国际惯例，但其原因是原厂商生产方面出了问题不能如期交货，经双方协商，一再延期装运，并提供了双方往来业务函电和悉数银行信用证改证证明。经审核经质疑后企业提供的单证资料，审价人员认为解释合理，证据确凿，最终接受了申报价格。

②在海关规定期限内，纳税义务人或者其代理人未能提供进一步说明或声明放弃解释的权利。

案例 某企业向海关申报出口一批金属锰块。经审核，发现合同签约时间与货物申报出口时间相差3个多月，而3个多月内金属锰块价格飙涨数百美元/吨。据此，审价关员针对签约日提出质疑。答疑时，该企业称，由于集团下属厂生产能力有限，无法在短时间内生产出外商所要数量的产品，加上中秋节、国庆节全厂放假，所以时间较长，并提供了国内增值税发票作为证据。经审核，审价人员发现增值税发票上国内供应商与该企业在公司名称上看不出任何联系，且开出发票的时间在中秋、国庆假期以前。此外，有色金属行业存在一个贸易惯例，即在还没有实际买卖的情况下，先将货物运到荷兰鹿特丹保税仓，然后再伺机寻找买家，行情好的时候，货物在运输途中就能成功销售出去。而该票货物的目的地恰好是荷兰鹿特丹，合同买方是一家物流仓管公司，会不会这票货物也没有真实成交？经磋商，企业无法就这两个问题提供合理解释，并同意海关实施估价。

③纳税义务人或者其代理人提供有关资料、证据后，海关经审核其所提供的资料、证据，仍然有理由怀疑申报价格的真实性、准确性或仍然有理由认为买卖双方之间的特殊关系影响成交价格。

案例 ××医疗中国有限公司向海关申报进口生化分析仪一批。经审核，审价人员发现合同签约外方为××株式会社，且该公司的进口价格远低于海关估价系统中其他公司的进口价格。审价人员初步判断买卖双方存在特殊关系且影响了成交价格，并向该公司提出了质疑。答疑时，该公司解释称在中国只有他们的公司能直接向××株式会社购买仪器设备，国内其他公司只能通过在香港的××株式会社代理公司购买，所以他们的进口价格相对较低。对于这一解释，审价人员请该公司举证，但该公司始终无法提供有力证据。经质疑磋商，该公司最终同意海关估价。

对于上述②、③两种情况，海关有权不采用成交价格法，在进一步履行价格磋商程序后应用相关估价方法重新估价。

海关提醒 一般而言，收到更多的文件或证据后无法消除怀疑的情况可能有：

纳税义务人或者其代理人仅提供“无商业价值”或“仅供海关使用”，而没有其他交易的说明；纳税义务人或者其代理人不能提供整个交易过程的情况，如订货、签约等交易情况；纳税义务人或者其代理人不能提供有关进出口货物的任何支付方面的证据等。

可以不进行价格质疑的情况为进一步简化操作，提高通关效率，《审价办法》中也规定了部分可不进行价格质疑直接进入磋商程序的情况。主要包括：

（1）货物无成交价格的；

（2）加工贸易货物、出口加工区内销货物、保税区内加工企业内销的货物；

（3）同一合同项下分批进出口的货物，海关对其中一批货物已经实施估价的；

（4）进出口货物的完税价格在人民币 10 万元以下或者关税及进口环节海关代征税总额在人民币 2 万元以下的；

（5）进出口货物属于危险品、鲜活品、易腐品、易失效品、废品、旧品等的。

对于第（3）、（4）、（5）三种情况，如不履行质疑程序，须经纳税义务人书面申请。

（三）价格磋商

价格磋商是为了使海关和纳税义务人充分交流掌握的价格信息，以便确定恰当的估价方法和准确估定货物完税价格。海关在使用成交价格估价方法以外的方法审查确定进出口货物的完税价格之前，均须与纳税义务人进行价格磋商。

小贴士 “价格磋商”，指海关在使用除成交价格以外的估价方法时，在保守商业秘密的基础上，与纳税义务人交换彼此掌握的用于确定完税价格的数据资料的行为。

1. 价格磋商的启动

《审价办法》要求海关在使用六种估价方法审查确定进出口的完税价格之前，均须与纳税义务人进行价格磋商，即价格磋商可以说是海关重新估定货物完税前的必经程序。

2. 价格磋商的履行

海关须与纳税义务人进行价格磋商的，填发《中华人民共和国海关价格磋商通知书》。纳税义务人应当自收到《中华人民共和国海关价格磋商通知书》之日起5个工作日内与海关进行价格磋商。纳税义务人未在规定的时限内与海关进行磋商的，视为其放弃价格磋商的权利。海关可以直接根据自身掌握的信息，使用相关方法审查确定进出口货物的完税价格。海关与纳税义务人进行价格磋商时，应当制作“中华人民共和国海关价格磋商通记录表”，对磋商情况进行记录。

海关提醒 价格磋商是海关估价的法定程序之一。对磋商对象进行身份确认，是进行有效磋商的必要条件。进行身份确认时，有关人员应该出示：

(1)《中华人民共和国海关价格磋商通知书》企业留存联；

（2）企业的委托书，委托书应写明被委托人的姓名、职务、身份证或其他身份证明编号，以及委托事项等；

（3）被委托人的身份证或其他身份证明正本。

为了进一步简化操作，提高通关效率，《审价办法》中也规定了部分可不进行价格磋商的情况。主要包括：

（1）加工贸易货物、出口加工区内销货物、保税区内加工企业内销的货物；

（2）同一合同项下分批进出口的货物，海关对其中一批货物已经实施估价的；

（3）进出口货物的完税价格在人民币 10 万元以下或者关税及进口环节海关代征税总额在人民币 2 万元以下的；

（4）进出口货物属于危险品、鲜活品、易腐品、易失效品、废品、旧品等的。

（四）海关和纳税义务人在海关审定完税价格时的权利和义务

1. 海关的权利

一是价格审查权。海关为审查申报价格的真实性和准确性，可以行使下列职权：

（1）查阅、复制与进出口货物有关的合同、发票、账册、结付汇凭证、单据、业务函电和其他反映买卖双方关系及交易活动的书面资料和电了数据；

（2）向进出口货物的收发货人及与其有资金往来或有其他业务往来的公司、企业调查与进出口货物价格有关的问题；

（3）对进出口货物进行查验或提取货样进行检验或化验；

（4）进入进出口货物收发货人的生产经营场所、货物存放场所，检查与进出口活动有关的货物和生产经营情况；

（5）向有关金融机构或税务部门查询了解与进出口货物有关的收付汇资料或缴纳国内税的情况。

二是要求合作权。海关在行使价格审查权时，进出口货物的收发货人应予以合作，如实反映情况，提供账簿、单证等有关书面资料和电子数据，不得拒绝、拖延和隐瞒。

三是价格质疑权。海关对申报价格的真实性和准确性有疑问时，有权向进出口货物的收发货人提出质疑，将怀疑的理由以书面形式告知进出口货物的收发货人，要求其以书面形式在海关书面通知发出之日起15 日内作进一步说明。

四是海关估价决定权。进出口货物的申报价格经海关审查不符合成交价格条件，或进出口货物的收发货人未在规定期限内向海关提供进一步说明的，或海关经审核所提供的资料或证据后仍有理由怀疑申报价格的真实性或准确性时，海关可以不接受其申报价格，并依次运用其他估价方法估定完税价格。

2. **海关的义务**

一是举证责任。海关无论是行使价格质疑权还是估价决定权，必须有充分的理由和证据，必须行使举证的责任。

二是书面告知的义务。海关在行使价格质疑权时，必须书面告知进出口货物的收发货人。在作出估价决定后，应进出口货物的收发货人的书面申请，向其制发《海关估价告知书》。

三是保密的义务。海关对进出口货物的收发货人提供的属于商业秘密资料予以保密，不得外泄。

3. **纳税义务人的权利**

一是要求具保放行货物的权利。在海关审查确定进出口货物的完税价格期间，纳税义务人可以在依法向海关提供担保后，先行提取货物。

二是选择估价方法的权利。纳税义务人向海关提供有关资料后，可以提出申请，颠倒倒扣价格估价法和计算价格估价法的适用次序。

三是对海关如何确定进出口货物完税价格的知情权。纳税义务人可以提出书面申请，要求海关就如何确定其进出口货物的完税价格作出书面说明的，出具《海关估价告知书》。

四是获得救济的权利。纳税义务人对海关估价决定有权提出复议、诉讼。

4. **纳税义务人的义务**

一是如实提供单证及其他相关资料的义务。纳税义务人向海关申报时，应当按照《审价办法》的有关规定，向海关如实提供发票、合同、提单、装箱清单等单证。根据海关要求，纳税义务人还应当如实提供与货物买卖有关的支付凭证，以及证明申报价格真实、准确的其他商业单证、书面资料和电子数据。

二是如实申报及提供相关资料的义务。货物买卖中发生《审价办法》规定中所列的价格调整项目的，纳税义务人应当如实向海关申报。价格调整项目如果需要分摊计算的，纳税义务人应当根据客观量化的标准进行分摊，并同时向海关提供分摊的依据。

三是举证证明特殊关系未对进口货物的成交价格产生影响的义务。买卖双方之间虽然存在着特殊关系，但是纳税义务人认为特殊关系未对进口货物的成交价格产生影响时，应提供相关资料，以证明其成交价格符合《审价办法》的规定。

二、海关如何审定完税价格

海关估价是海关工作中最专业、最复杂的技术问题之一，与进出口人的利益密切相关，因此各国海关都在努力推动估价技术水平的提高以及建立世界范围内的统一标准。《WTO 海关估价规则》便是对各成员国海关估价标准及程序作出统一规定的约束性规则。我国加入 WTO 以后，于 2002 年 1 月 1 日起开始实施《审价办法》。根据《审价办法》的规定，我国海关全面使用了 WTO 估价规则，改革了估价工作。其后，根据 2004 年修订并实施的新《关税条例》，海关总署对《审价办法》又进行了新的修订。修订后的《审价办法》于 2006 年 5 月 1 日起正式实行。以下介绍的案例涉及的估价问题将给纳税义务人对海关估价的认识提供一些帮助，希望通过对案例的剖析能够帮助纳税义务人加深对海关估价方面法律规定的理解。

案例 2011年8月10日，A公司以一般贸易方式向某海关申报进口集成电路。某海关经审核，发现其申报价格明显低于海关掌握的相同或类似货物成交价格、国际市场价格行情，遂于2011年8月11日制发《价格质疑通知书》，对申请人进行价格质疑，要求其作出书面说明，并提供相关资料。经审查A公司提供的说明及相关资料，某海关认为不足以证明其申报货物价格的真实性、准确性，而且该海关还发现A公司代理的国内实际买方B公司与境外卖方C公司存在特殊经济关系，且对成交价格产生影响。因此，根据《审价办法》的规定，某海关不接受该进口货物的申报价格。为充分交流双方掌握的信息，某海关于2011年8月18日制发了《中华人民共和国价格磋商通知书》，与A公司进行了价格磋商。某海关对A公司提供的价格信息资料进行了审查，认为该资料存在诸多瑕疵，不能作为估价的基础。由于A公司未能提供适用相同或类似货物成交价格以及构成倒扣价格法、计算价格法所需的相关可量化的数据，而某海关也未能掌握使用相同货物成交价格方法、类似货物成交价格方法、倒扣价格方法和计算价格方法的相关价格资料，于2011年8月19日，某海关依据《审价办法》的有关规定，使用合理估价方法进行估价，并相应作出征税决定。

（1）何谓“特殊关系”？海关又如何认定“特殊关系”？

B公司与C公司是否存在特殊关系？为什么对“特殊关系”的认定将对海关确定完税价格有着直接的影响？

根据《审价办法》第十六条的规定，有八种情形，海关应当认定买卖双方存在特殊关系：

①买卖双方为同一家族成员；

②买卖双方互为商业上的高级职员或者董事；

③一方直接或者间接地受另一方控制；

④买卖双方都共同直接或者间接地受第三方控制；

⑤买卖双方共同直接或者间接地控制第三方；

⑥一方直接或者间接地拥有、控制或者持有对方5%以上（含5%）公开发行的有表决权的股票或者股份；

⑦一方是另一方的雇员、高级职员或者董事；

⑧买卖双方是同一合伙的成员。

此外，买卖双方在经营上相互有联系，一方是另一方的独家代理、独家经销或者独家受让人，如果符合上面八种情况，也应当视为存在特殊关系。案例中就是因为有证据证明B公司的经营被C公司直接控制，从而认定买卖双方存在特殊关系。

当然，即使买卖双方存在特殊关系，也不必然会对成交价格构成影响。如果纳税义务人能证明其成交价格与同时或者大约同时发生的下列任何一款价格相近的，应当视为特殊关系未对进口货物成交价格产生影响：

①向境内无特殊关系的买方出售的相同或者类似进口货物的成交价格；

②按照《审价办法》第二十二条规定的倒扣价格估价方法所确定的相同或者类似进口货物的完税价格；

③按照《审价办法》第二十四条规定的计算价格估价方法所确定的相同或者类似进口货物的完税价格。

由上述分析可见，纳税义务人如果要证明自己的申报价格符合海关规定的成交价格条件，希望海关接受自己的申报价格，就一定要证明货物的买卖双方不存在特殊关系，或者即使存在特殊关系，成交价格也没有因此受到影响。

（2）如果成交价格不符合海关法律规定条件，或者成交价格无法确定时，海关怎样进行估价？

如果进口货物的成交价格不符合法律规定的条件，或者成交价格不能确定的，海关经了解有关情况，并与纳税义务人进行价格磋商后，会依次以下列方法审查确定该货物的完税价格：

①相同货物成交价格估价方法，即以与该货物同时或者大约同时向中华人民共和国境内销售的相同货物的成交价格来估定完税价格；

②类似货物成交价格估价方法，即以与该货物同时或者大约同时向中华人民共和国境内销售的类似货物的成交价格来估定完税价格；

③倒扣价格估价方法，即以与该货物进口的同时或者大约同时，将该进口货物、相同或者类似进口货物，在第一级销售环节销售给无特殊关系

买方最大销售总量的单位价格来估定完税价格，但应当扣除同等级或者同种类货物在中华人民共和国境内第一级销售环节销售时，通常的利润和一般运费以及通常支付的佣金，进口货物运抵境内输入地点起卸后的运输及其相关费用、保险费，以及进口关税及国内税收；

④计算价格估价方法，即以按照下列各项总和计算的价格估定完税价格：生产该货物所使用的材料成本和加工费用，向中华人民共和国境内销售同等级或者同种类货物通常的利润和一般费用，该货物运抵境内输入地点起卸前的运输及其相关费用、保险费；

⑤合理方法，即当海关不能根据成交价格估价方法、相同货物成交价格估价方法、类似货物成交价格估价方法、倒扣价格估价方法和计算价格估价方法确定完税价格时，海关根据客观、公平、统一的原则，以客观量化的数据资料为基础审查确定进口货物完税价格的估价方法。

值得注意的是，纳税义务人向海关提供有关资料后，可以提出申请，颠倒第③种方法和第④种方法的适用次序。

在本案例中，海关因为当事人没有提供相应的价格资料，而自身掌握的相同或类似货物成交价格不能满足《关税条例》和《审价办法》规定的适用条件，并在依次排除了相同货物成交价格方法、类似货物成交价格方法、倒扣价格方法、计算价格方法四种估价方法后，以海关掌握的国内其他口岸相同型号规格产品的实际进口成交价格资料为基础，采用合理方法进行估价。

第三节　原产地

阳澄湖大闸蟹、西湖龙井、武夷山大红袍、宁夏枸杞等，原产地一目了然，理解起来也很容易，这也是对原产地的社会认知中最简单的案例。事实上，社会认知的原产地概念也大都停留在“土生土长”的层面，而远非贸易中的原产地的全部。“土生土长”不过是原产地判断标准中较为简单的一种。对于其他商品，原产地概念相对复杂。尤其是加工制造产品，工艺、材质复杂的产品，涉及加工贸易的产品，原产地判定的标准和规则变得不再简单。在经贸往来中，原产地的判定遵守一定的规则，一般分为完全获得标准和实质性改变标准。完全获得标准即接近于社会认知层面的“土生土长”，而实质性改变标准是在当今世界贸易中越来越多被应用的标准，只是在应用当中，不同国家根据材料、工艺、加工深度等元素实行不同的判定。无论如何判定，每一个商品最终都要获得一份原产地证书，原产地证书是识别国际贸易商品“经济国籍”的“护照”。

案例

苹果手机的原产地

一部苹果手机由台湾富士康公司设在郑州或深圳的工厂组装完成，然后出口至美国或者中国香港，中国内地的进口商又进口该手机，通关后，进口商再发售到批发商，批发商发售到零售商，完成一部苹果手机从组装到最终销售的全过程。而在组装前，原材料和零部件等的来源更加复杂，可能包括日本、韩国等不同国家的不同企业，如三星就是苹果重要的配件提供商之一。根据中国目前的原产地管理规定，如果手机插件、焊接和装配在中国发生且在中国加工增值达到30%，该苹果手机即属于“中国制造”，可由中国的签发机构颁发原产地证书。在这个过程中，这部苹果手机要经过两次通关，一次是出口，另一次是进口。出口的时候，这部手机的原产地如果是“中国”，而从境外再进口的时候，因为在境外也并未进行再加工，因此不改变原产地，在进口通关过程中提供的原产地证书应该与当时出口时一致，依旧是“中国”。

一、原产地的两个标准

（一）完全获得标准

“完全获得”（Wholly Obtained）产品，是指在一国（地区）生产、开采、收获的动植物和矿物等初级产品，或者完全利用该国（地区）出产的原材料，在该国（地区）境内生产和制造的产品。

完全获得标准主要适用于自然产物和完全用该产物制得的产品。完全获得产品一般不含外国产的材料、零部件或劳务，其生产要素投入和生产过程自始至终都是在一国（地区）境内完成，因而具有“土生土长”的特征。凡是含有进口的或原产地不明的成分或原料的货物，一般不包括在完全获得标准的适用范围之内。

（二）实质性改变标准

“实质性改变”（Substantial Transformation），是指全部或部分使用进口原材料或原产地不明的原材料制成的产品，在一国（地区）境内经过充分制造或加工后获得的新的基本特征。此时，即可认定该产品发生了“实质性改变”。

当货物的生产过程涉及两个或两个以上国家（地区）时，一般以最终使产品发生实质性改变的国家（地区）作为货物的原产地。

近一个世纪以来，实质性改变一直是各国据以判断货物原产地的一项重要准则。但是，由于它的含义不够明确，容易受主观因素影响，故各国对实质性改变的解释并不一致，有时甚至相互矛盾。衡量实质性改变的具体标准包括：税则归类改变标准、增值百分比标准、制造或加工工序标准、混合原产地标准、选择性原产地标准。

二、原产地规则

随着国际贸易往来的不断发展，国际间的经济关系和政治关系日益复杂，一些国家为了政治或经济上的原因，需要对从另一些国家进口的货物通过行政手段和经济手段来加以控制，如实行进口配额、限额、许可证管理、禁止进口等行政措施和对危害本国经济利益的进口货物采取反倾销、反补贴等抵制措施。这样一来，原产地就成为了保证各国优惠关税、差别关税和其他贸易措施赖以正确实施的基础和前提。因为，一旦确定了商品国籍，就直接确定了其依照进口国的贸易政策所适用的关税和非关税待遇。

小贴士 原产地是指对货物进行最后实质性加工的国家或地区，在国际贸易中原产地的概念是与原产国通用的，也就是国际贸易中交易货物的生产地（国），即货物的“国籍”。

（一）什么是非优惠原产地规则和优惠原产地规则

在国际贸易谈判与国际贸易中，对纳税义务人最为实际而广为运用的原产地规则的分类是从适用范畴的角度分为非优惠原产地规则和优惠原产地规则。下面我们着重从这一分类的角度介绍这两种规则。

1. 原产地规则

原产地规则就是确定货物原产地的规则，最早只是为了进行贸易统计的需要，而后，各国为了适应国际贸易不断发展的需要，并为执行本国关税及非关税方面的国别歧视性贸易措施，必须对进出口商品的原产地进行认定。但是，货物原产地的认定需要以一定的标准为依据。为此，各国以本国立法形式制定出鉴别货物“国籍”的标准。WTO《原产地规则协定》将原产地规则定义为：一国（地区）为确定货物的原产地而实施的普遍适用的法律法规和行政决定。

2. 非优惠原产地规则

非优惠原产地规则是一国根据实施其海关税则和其他贸易措施的需要，由本国立法自主制定的，因此也称自主原产地规则。它适用于非优惠贸易政策措施，其实施必须遵守最惠国待遇原则，即必须普遍地、无差别地适用于所有原产地为最惠国的进口货物。实施最惠国待遇、反倾销和反补贴税、保障措施、歧视性的数量限制或关税配额、原产地标记或贸易统计、政府采购时所采用的原产地规则即属此类。

3. 优惠原产地规则

优惠原产地规则是为实施区域贸易安排需要而制定的，优惠范围以原产地为受惠国的进出口货物为限。优惠原产地规则的适用范围又可分为两种情况：一种是适用于由进口国单方向赋予、非互惠的优惠关税措施（如普惠制、我国给予最不发达国家的特别优惠关税措施等）；另一种是适用于双边或地区性互惠贸易安排（如《中国—东盟自贸协定》等）。由于优惠原产地规则是用以认定进口货物有无资格享受特别优惠待遇。因此，其判定标准比非优惠原产地规则的判定标准严格，对享受优惠的商品种类有严格限制。

非优惠原产地规则与优惠原产地规则的比较

比较项目	非优惠原产地规则	优惠原产地规则
适用范围	最惠国待遇、反倾销和反补贴税、保障措施、歧视性数量限制或关税配额、原产地标记或贸易统计、政府采购等	普惠制、双边或地区性互惠贸易安排
是否必须遵守最惠国待遇原则	必须遵守	可以不遵守
认定标准的严格程度	相对而言，要求不很严格	比非优惠原产地规则严格，对享受优惠的商品种类有严格的限制
原产地证书签证机构	不严格	严格限制，一般要求出口国指定专门机构，按优惠原产地规则签发规定格式的优惠原产地证书（在适当情况下也可用企业原产地声明代替）

（二）我国的原产地规则

1. 非优惠原产地规则

2005 年实施的《中华人民共和国进出口原产地条例》包含了我国的非优惠原产地规则。其中引用了 WTO《原产地规则协定》中的一般规则，并规定，以税则归类改变为判定实质性改变的基本标准；税则归类改变不能反映实质性改变的，以从价百分比、制造或加工工序等为补充标准。该条例是我国在 WTO《原产地规则协定》项下的协调非优惠原产地规则仍在谈判的过渡期内自行制定、实施的非优惠原产地规则，协调非优惠原产地规则一旦达成并实施，我国作为 WTO 成员国，将有义务全面采用该规则。但这一原则并不涉及特殊的关税优惠，达芬奇进口意大利家具便适用非优惠原产地规则。

2. **优惠原产地规则**

与非优惠原产地规则相比较，优惠原产地规则涉及单向给惠、双边互惠、双边协定单向给惠等不同贸易方式，关键在于能够从中获得减税或零关税，更受进出口企业的关注。优惠原产地规则主要包含在《中华人民共和国海关进出口货物优惠原产地管理规定》（以下简称《优惠原产地受理规定》）以及我国与其他国家（地区）签订的区域贸易安排当中，包括《亚太贸易协定》、《中国—东盟自贸协定》、《中国—巴基斯坦自贸协定》、《中国—智利自贸协定》、《中国—新西兰自贸协定》、《中国—新加坡自贸协定》、《中国—秘鲁自贸协定》、《中国—哥斯达黎加自由贸易协定》、《内地与香港 CEPA》、《内地与澳门 CEPA》、中国大陆对中国台湾农产品零关税优惠措施、《海峡两岸经济合作框架协议》（ECFA）以及我国对最不发达国家特别优惠关税措施。每个优惠贸易安排下都包含了相应的原产地规则。随着我国与其他国家（地区）的区域性贸易合作的不断加强，更多的优惠原产地规则将陆续出台。例如，我国目前正在和澳大利亚、瑞士等国进行的自贸区谈判中，均包括了原产地规则的谈判。

为照顾不同国家的贸易利益，在优惠原产地规则中所涉及的原产地规则虽然在细节上不尽相同，但其原则、方法和内容与非优惠原产地规则中的定义是大致相同的。具体而言，在完全获得标准上，主要关注两个方面：一是活动物及动物产品的原产地资格，二是远洋捕捞和海洋权益问题。在实质性改变标准方面，其主要模式有两种：一种是以中国—东盟自贸区原产地规则为代表。其特征是设定 40% 的增值比率作为判定实质性改变的普通规则；同时，拟订适用特定原产地标准的部分产品清单，产品特定原产地标准则采用税则归类改变、加工工序要求作为选择性标准或混合标准。另一种是以中国—新西兰自贸区原产地规则为代表。其特征是不设普通规则，而是在条款规定的基础上，另行拟订涵括整部《协调制度》目录的产品特定原产地规则，以税则归类改变为主、辅之以增值比例和加工工序要求，针对各个品目（子目）项下的产品制定相应的原产地标准。该模式又被称为全税则的产品特定原产地规则清单。

直接运输原则是除原产地标准之外的组成我国优惠原产地规则的又一重要内容，是作为判定货物是否符合优惠原产地规则的主要条件之一，旨在促进缔约各方之间经济贸易发展的同时，确保缔约各方从区域贸易安排中真正得到实惠，防止第三方“搭便车”。按照直接运输规则，受惠成员国（地区）的出口货物必须直接运至给惠成员国（地区），不得在中途转卖或进行实质性加工。由于地理上的原因或运输的困难，给惠成员国（地区）在出口货物发货时已知其最终目的地为该给惠成员国（地区）的，货物可以通过第三方转运。但是，在第三方过境时必须置于第三方海关的监管之下，不得进入第三方市场。

由于篇幅所限，对各标准不再详述，基本的核心标准在各优惠原产地规则的应用参见下表：

各优惠原产地规则对照表

区域贸易安排项下原产地规则	受惠国家或地区	受惠模式	判断货物原产地基本标准	辅助标准
《亚太贸易协定》	中国与韩国、印度、孟加拉国、斯里兰卡、老挝5国	双边互惠	完全获得标准；45%增值标准	—
《中国—东盟自贸协定》	中国与文莱、柬埔寨、印度尼西亚、老挝、马来西亚、缅甸、菲律宾、新加坡、泰国、越南10国	双边互惠	完全获得标准；40%增值标准	税则归类改变标准和加工工序要求
《内地与香港CEPA》	中国香港地区	双边议定单向给惠	完全获得标准或者实质性改变标准（包括加工或制造工序标准、四位数级品目改变标准、30%增值标准、其他标准或者混合标准）	—

续表

区域贸易安排项下原产地规则	受惠国家或地区	受惠模式	判断货物原产地基本标准	辅助标准
《内地与澳门CEPA》	中国澳门地区	双边议定单向给惠	完全获得标准或者实质性改变标准（包括加工或制造工序标准、四位数级品目改变标准、30%增值标准、其他标准或者混合标准）	—
我国对最不发达国家特别优惠关税措施	埃塞俄比亚等与我国建交的最不发达国家	单向给惠	完全获得标准；四位数级品目改变标准，或者40%增值标准	—
大陆对台农产品零关税优惠措施	中国台湾地区	双边议定单向给惠	完全获得标准	—
《中国—巴基斯坦自贸协定》	中国与巴基斯坦	双边互惠	完全获得标准；40%增值标准	—
《中国—智利自贸协定》	中国与智利	双边互惠	完全获得标准；仅由材料制得或者40%增值标准	产品特定原产地标准，包括税号改变标准以及特殊产品50%的增值标准
《中国—新西兰自贸协定》	中国与新西兰	双边互惠	完全获得标准；全税则产品特定原产地标准（包括税则归类改变标准、区域价值成分和加工或制造工序标准以及其他标准）	—
《中国—新加坡自贸协定》	中国与新加坡	双边互惠	完全获得标准；40%增值标准	税则归类改变标准和加工工序要求

续表

区域贸易安排项下原产地规则	受惠国家或地区	受惠模式	判断货物原产地基本标准	辅助标准
《中国—秘鲁自贸协定》	中国与秘鲁	双边互惠	完全获得标准；全税则产品特定原产地标准（包括税则归类改变标准、区域价值成分和加工或制造工序标准以及其他标准）	—
《海峡两岸经济合作框架协议》（ECFA）	中国大陆与台湾地区	双边互惠	完全获得标准；全税则产品特定原产地标准（包括税则归类改变标准、区域价值成分和加工或制造工序标准以及其他标准）	—

（三）如何享受优惠税率

与达芬奇形成对照的是，熟练利用原产地规则、获得优惠关税的企业，随着我国与其他国家（地区）的区域性贸易合作的不断加强而迅速成长起来。“减税或零关税”对于进出口企业而言，意味着他们的资金可以更多地投入到经营中，资金周转压力减小，生意的资本金增加，有利于增加交易量，利润额便会相应地增加。

1. 如何才能享受优惠税率

在优惠原产地规则中，收发货人提交原产地证明是申报的基本要求，即进出口货物必须提交指定机构签发的原产地证明，并申报适用相应协定项下的优惠税率，否则不能享受相应的税收优惠；而非优惠原产地规则中，收发货人仅在海关要求的情况下提交原产地证书，其余情况下均无须提交。在目前的管理措施中，非优惠原产地规则下需要提交原产地证书的情形主要为“两反一保”，即实施反倾销、反补贴及保障措施的进出口货物需要提交原产地证书。

小贴士 在优惠原产地规则中，也存在免予提交原产地证书的情形。如中国—智利自贸协定项下原产地规则规定，“原产于智利的货物，价格不超过600美元的，免予提交原产地证书”；中国—巴基斯坦自贸区协定项下原产地规则规定，“原产于巴基斯坦的进口货物，每批船上交货价格（FOB）不超过200美元的，免予提交原产地证书”等。这些规定都属于优惠原产地规则中的特殊优惠措施。

货物在进口时，收货人必须在报关单上如实填写货物原产地，将原产地证书连同货物的联运提单、发票以及证明货物直接运输的文件一并提供给海关。货物通关过程中，海关的现场关员会依据《原产地条例》、《关于非优惠原产地规则中实质性改变标准的规定》或者相关优惠贸易协定项下的原产地管理办法，审核原产地证书及其相关商业、运输单证。必要时，现场海关还要对相关货物进行查验，确保申报货物原产地与实际进口货物原产地相一致。

海关提醒 原产地证与报关单的对应关系：一般情况下，一份报关单对应一份原产地证，一份原产地证对应同一批次的货物。《中国—巴基斯坦自贸协定》、《中国—智利自贸协定》、《中国—新西兰自贸协定》规定，一份原产地证对应一份报关单，即原产地证与报关单为一一对应的关系。

原产地申报为有关区域贸易安排项下缔约方原产的货物，进口货物收货人及其代理人未按规定提交原产地证书、原产地声明的，应当在申报进口时，就进口货物是否具备原产资格向海关进行补充申报。进口货物收货人或者其代理人按规定进行补充申报的，海关可以根据进口货物收货人或者其代理人的申请，按照相关优惠贸易项下的协定税率或者特惠税率收取等值保证金后放行货物，并按照规定办理进口手续。

海关提醒 在货物进口时，进口人因故无法向海关提交原产地证书或原产地声明时，必须向海关补充申报（申明原产资格），否则不能享受协定税率或者特惠税率，即使事后补交原产地证书或者原产地声明。

补充申报的格式：

《中华人民共和国海关进出口货物优惠原产地管理规定》进口货物原产资格申明

本人________（姓名及职务）为进口货物收货人/进口货物收货人代理人（不适用的部分请划去），兹声明编号为________的报关单所列第____项货物原产自________，且货物符合《中华人民共和国海关进出口货物优惠原产地管理规定》以及相应优惠贸易协定项下所确定的原产地规则的要求。

本人特申请对上述货物适用相应优惠贸易协定项下协定税率/特惠税率（不适用的部分请划去），并申请缴纳保证金后放行货物。本人承诺自货物进口之日起1年内补交相应优惠贸易协定项下规定的原产地证书。

签名：________

日期：________

优惠协定________文号对应表

优惠协定	文　　号	优惠贸易协定代码
亚太	总署177号令	1
东盟	新证：总署199号令 旧证：总署2003年81号公告	2
香港CEPA	总署106号令	3
澳门CEPA	总署142号令	4
非洲等国特惠	总署149号令、 总署2007年33号公告	5
台湾农产品	总署2005年37号公告、 总署2007年6号公告	6

续表

优惠协定	文　号	优惠贸易协定代码
巴基斯坦	总署 162 号令	7
智利	总署 151 号令	8
也门等国特惠	总署 149 号令、 总署 2006 年 37 号公告	9
新西兰	总署 175 号令	10
新加坡	总署 178 号令	11
秘鲁	总署 186 号令	12
最不发达国家特惠	总署 192 号令	13
台湾 ECFA	总署 200 号令	14
哥斯达黎加	总署 202 号令	15

2. **优惠原产地证书审核案例**

既要熟识本国原产地规则和自贸区协定的有关规定，也要熟悉贸易另一方国家的原产地规则，进出口企业才能享受到相应的关税优惠。目前，因为不了解规则、不熟悉政策而享受不到优惠的企业还比较多，因此，企业应该特别注意，尽管与原产地相关的规定比较复杂，但关系到企业守法和能否享受关税优惠这样的直接利益，企业还是应该提高重视程度。如经常被企业忽视的直接运输规则的规定，如何在运输过程中经过未缔约的第三方国家时取得未再加工证明材料等问题；在尚未取得原产地证书的情况下，如何在进口时“主动申明”享受关税优惠；以及“第三方贸易”、“一批一证”、保税货物内销享受协定税率等相关的规定，企业都应该熟悉。我们从进出口通关实践中出现的诸多案例中归纳总结出几个容易理解的大类，希望通过研究这些被归纳的案例，增强企业对原产地的关注意识，提高关注的程度。

案例一

原产地证书格式案例

深圳某企业申报进口原产于新加坡的奶粉，并申请享受中国—东盟自由贸易区优惠税率。经单证审核，海关发现该企业提交的其他商业单证均真实有效、符合海关要求，相关优惠原产地证书的安全特征亦与总署备案资料一致，但该证书抬头印有“REPUBLIC OF SINGAPORE PREFERENTIAL CERTIFICATE OF ORIGIN”字样，并非常见的“ASEAN – CHINA FREE TRADE AREA PREFERENTIAL TARIEF CERTIFICATE OF ORIGIN”，亦无“FORM E”及“Issued in (country)”的相关字样。该票货物能否享受协定税率?

案例分析：经审核，该企业提交的合同、发票和运输单证真实有效，原产地证书系新加坡海关签发，证书格式为中国—新加坡自由贸易协定项下原产地证书格式。但该企业生产申请适用中国—东盟自由贸易区协定税率，按照《中华人民共和国海关〈中华人民共和国与东南亚国家联盟全面经济合作框架协议〉项下进出口货物原产地管理办法》（以下简称海关总署令第199号）第十三条第（一）款以及《中华人民共和国海关进出口货物优惠原产地管理规定》（以下简称海关总署令181号）第十五条规定，应当向海关提交中国—东盟自由贸易区项下优惠原产地证书，鉴此，可以判断该企业提交的原产地证书格式不符，不得适用中国—东盟自由贸易区协定关税。

案例二

优惠原产地证书填制不规范案例

案情简介：2009年，福州某渔业发展有限公司申报进口一批原产于印度尼西亚的冻鱼，申请享受中国—东盟自由贸易区协定税率并提交中国—东盟自由贸易区项下印尼原产地证书。

海关经审核发现，该原产地证书缺少签证机构签章及官员签名。企业称相关证书均由印尼出口企业向签证机构按正常程序申请，但无法解释证书缺少签章和签名的原因。海关判断相关证书存在风险，其后由深圳原产办启动境外核查程序，经印尼方面核实，该证书因签证机构工作人员失误导致填制不规范，认定证书无效，但相关货物能否享受协定税率交由中方判断。深圳原产办随即将核查结果通知现场海关：企业不能凭该份填制不规范的无效证书享受协定税率，要求企业重新提交符合规定的原产地证书。

案例分析： 根据《海关总署关于〈中华人民共和国海关进出口货物优惠原产地管理规定〉有关实施问题的通知》（以下简称署税发［2009］341号），原产地证书审核重点为格式、签名签章、签发日期。本案中，企业提交的原产地证书缺少签名签章，经核实后，证书虽然是按照正常签证程序签发的，但按照海关总署令第181号第十五条规定，进口货物收货人或者其代理人向海关提交的原产地证书应当符合相应优惠贸易协定证书格式、填制内容、签章、提交期限等规定，本案例属于证书填制不规范，因此不能凭此证书享受协定税率。

案例三

原产地证书商品编码与海关认定不一致案例

案情简介： 2009年5月，苏州某医疗公司向海关申报进口一批原产于新加坡的管状金属针头，申请适用中国—东盟自由贸易区协定税率并提交中国—东盟自由贸易区项下的优惠原产地证书。

该份原产地证书第7栏所列商品编码为90183990，企业按照海关确定的编码90183210进行申报，出现了证书上商品编码与报关单商品编码仅前5位一致，不能满足中国—东盟自由贸易区项下“货物的实际税则号列与原产地证书所列货物前6位应当相同”的规定。由此判断，本案例中的原产地证书不符合协定税率适用要求，该批进口货物不能凭此原产地证书适用协定税率。

案例分析： 本案主要涉及原产地证书所列商品编码与海关认定是否一致及进口货物受惠资格的判断。

首先，考虑到国际上不同国家对同一商品确实存在认知不同而导致归类争议的客观事实，中国—东盟自由贸易区项下原产地证书的“背页说明”对商品编号作出专门规定，原产地证书所列商品编码应为进口成员国的商品编码。

其次，除《亚太贸易协定》原产地证书所列货物税则号与海关认定的实际进口货物税则号前4位应当相同外，其他优惠贸易协定货物的实际税则号列与原产地证书所列货物税则号列前6位应当相同。

案例四

原产地证书所列收货人名称与地址不匹配案例

2009年，厦门某公司向海关申报原产于新加坡的一批线型低密度聚乙烯，申请适用中国—新加坡自由贸易协定税率并提交优惠原产地证书。

海关在审核原产地证书时发现，该份原产地证书第二栏所列收货人地址为该票货物的实际进口商A公司的国内地址“193E ＊＊＊ PAVILION ＊＊＊ RD XIAMEN CHINA”，但收货人名称填写的却不是该公司，而是中国台湾B公司，该份证书存在收货人名称与地址不匹配问题。

经了解，该票货物出口商和进口商系新加坡C公司和国内A公司，该台湾B公司为中间商，三者之间确实存在真实有效的贸易关系。在申请原产地证书时，出口商误将中间商与进口商名字混淆，因而出现证书所列收货人为B公司，而收货人地址为A公司的情况。

该份证书不符合中国—新加坡自由贸易协定有关规定，相关货物不能据此适用协定税率。

案例分析：优惠原产地证书是进出口企业申请享受优惠税率的重要前提之一，证书的填制必须严格遵守各协定具体要求。

海关总署令第181号第十五条第（一）款明确规定，进口货物收件人或其代理人向海关提交的原产地证书应当符合相应优惠贸易协定关于证书格式、填制内容、签章、提交期限等规定；另外，中国—新加坡自由贸易协定优惠原产地证书“背页说明”明确规定原产地证书第二栏应填写中国收货人姓名及地址。该份证书的收货人名称为台湾公司，不仅与收货人地址不匹配，亦不符合海关监管要求。

案例五

香港水域船边交货是否符合直接运输规则判定案例

2007年2月，江西A公司以一般贸易方式向海关申报进口一批“电解阴极铜板”，并申请适用中国—智利自由贸易协定税率。企业提供的运输单证显示，该批货物采取集装箱运输方式，自智利起运，途经香港运抵黄埔口岸进口。货物经过香港时，运输公司仅在海上将货物从大船卸到小船，再由小船运往内地。该企业向海关提交了中国—智利自由贸易协定项下的优惠原产地证书及运输公司出具的相关货物在香港开柜及运转情况说明，但原产地证书上未加注中国检验（香港）有限公司的“未再加工证明”印章。现场海关通过查验，确认实际到港货物的集装箱的商业封志、集装箱号码完好，且与联运提单相符。据此，是否可以判定相关货物符合直接运输规则？

案例分析：一般来说，货物经过香港或者澳门运抵内地的，进口人应当提交中国检验（香港）有限公司或者澳门中国检验有限公司签发的证明文件，以证明相关货物符合直接运输规则。

但对于仅在香港水域内换装运输工具、未进入香港码头的货物，不属于须申领“未再加工证明”的情况。对于优惠贸易协定项下货物采用船边交货或类似方式进口至内地，只要在有关货物仅在香港水域内换装运输工具、未进入香港码头的情况下，可不要求进口货物收货人提供“未再加工证明”，而以船公司提供的货物未在香港开柜或运转情况说明等相关文件作为货物在中转地未进行贸易或者消费的证明文件。

在该案例中，货物采取船边交货方式，仅进入了香港水域，未在香港码头停靠，并提供了运输公司出具的相关货物在香港开柜及运转情况说明；同时，通过查验确认实际到港集装箱的商业封志、集装箱号码与全程提单相符。由此可判定，该票货物符合直接运输规则，可以适用智利协定税率。

第四节　税款计算与缴纳

通过商品归类的确定、完税价格的审定以及货物原产地的确定，对纳税义务人来说就可以得到计算税款的前提要件：海关完税价格及税率。海关通关管理系统（现行为H2000通关系统）根据确定好的完税价格和税率计算税款并出具税单后交由纳税义务人缴纳税款。当然，除了三大征税要件外，企业缴纳税费的过程中还需要了解诸如税率汇率的确定、税款计算、税款缴纳等与纳税义务人权益息息相关的内容。

一、税款计算

（一）汇率的适用

进出口货物的价格及有关费用以外币计价的，以中国人民银行公布的基准汇率折合为人民币计算完税价格；以基准汇率币种以外的外币计价的，按照国家有关规定套算为人民币计算完税价格。完税价格采用四舍五入法计算至分。

海关按照该货物适用税率之日所适用的计征汇率折合为人民币计算完税价格。海关每月使用的计征汇率为上一个月第三个星期三（第三个星期三为法定节假日的，顺延采用第四个星期三）中国银行的外汇折算价（简称中行折算价）。其中，人民币对港币、美元、日元和欧元的中行折算价与中国人民银行公布的前一日的收盘价相同。

（二）税款计算

海关按照《关税条例》的规定，以从价、从量或者国家规定的其他方式对进出口货物征收关税；海关按照有关法律、行政法规规定的适用税种、税目、税率和计算公式对进口货物计征进口环节海关代征税。关税、进口环节海关代征税、滞纳金等，应当按人民币计征，采用四舍五入法计算至分。

（1）从价计征进口关税的计算公式为：应纳税额 = 完税价格 × 关税税率。

案例一 国内某公司向日本购进丰田小轿车 10 辆，成交价格共 120 000.00 美元，实际支付运费 5 000 美元，保险费 800 美元。已知汽车的规格为 4 座位，汽缸容量 2000cc，计征汇率为 1 美元 = 6.6566 元人民币，要求计算进口关税税额。

[计算步骤]

①确定税则号列：汽缸容量 2000cc 的小轿车归入税号 8703234101

②确定适用税率：原产地为日本。日本为共同适用最惠国待遇条款的世界贸易组织（WTO）成员国，该商品可以适用最惠国税率；同时日本与我国没有签订含有关税优惠条款的区域性贸易协定，我国也未单方面给予日本原产的该种商品特殊优惠待遇，所以该商品没有协定税率或特惠税率；并且我国对该税号的商品未实施暂定税率。所以该商品适用最惠国税率 25%

③确定完税价格：CIF 目的地口岸 125 800 美元

C + I + F = 120 000 + 800 + 5 000 = 125 800（美元）

④折算人民币：125 800 × 6.6566 = 837 400.28（元）

⑤计算进口关税税额：进口关税应纳税额 = 完税价格 × 关税税率 = 837 400.28 × 25% = 209 350.07（元）

（2）从量计征进口关税的计算公式为：应纳税额 = 货物数量 × 单位关税税额。

案例二 国内某公司从香港地区购进美国产冻鸡爪 10 吨，成交价格为 CIF 目的地口岸 1 500 美元/吨，计征汇率为 1 美元 = 6.6566 元人民币，要求计算进口关税。

［计算步骤］

①确定税则号列：冻鸡爪归入税号 02071422

②确定适用税率：原产地美国，适用最惠国税率 0.5 元/千克（确定方法如例 1）

③确定实际货物数量：10 吨 =10 000 千克

④计算进口关税税额：进口关税应纳税额 = 货物数量 × 单位关税税额 = 10 000 千克 ×0.5 元/千克 =5000（元）

（3）从价计征进口环节消费税的计算公式为：应纳税额 =〔（完税价格 + 实征关税税额）÷（1 – 消费税税率）〕×消费税税率

如前案例 1 所述，要求计算进口环节消费税税额。

［计算步骤］

①确定税则号列：汽缸容量 2000cc 的小轿车归入税号 8703234101

②确定适用税率：适用进口环节消费税率 5%

③确定完税价格：CIF 目的地口岸 125 800 美元

C + I + F = 120 000 + 800 + 5 000 = 125 800（美元）

④折算人民币：125 800 ×6.6566 = 837 400.28（元）

⑤计算进口环节消费税税额：进口环节消费税应纳税额 =〔（完税价格 + 实征关税税额）÷（1 – 消费税税率）〕×消费税税率 =〔（837 400.28 + 209 350.07）÷（1 –5%）〕×5% =55 092.12（元）

（4）从量计征进口环节消费税的计算公式为：应纳税额 = 货物数量 × 单位消费税税额。

案例三 国内某公司购进阿联酋原产 5 –7 号燃料油 100 000 千克，成交价格为 CIF 目的地口岸 500 美元/吨，计征汇率为 1 美元 = 6.6566 元人民币，要求计算进口环节消费税税额。

［计算步骤］

①确定税则号列：5 –7 号燃料油归入税号 27101922

②确定适用税率：适用进口环节消费税税率 0.8 元/升

③确定实际货物数量：100 000 千克 ×1. 015 升/千克 =101 500 升（根据海关总署公告的单位换算表中固定公式折算 1 千克 =1. 015 升）

④计算进口关税税额：进口关税应纳税额 = 货物数量 × 单位消费税税额 =101 500 升 ×0. 8 元/升 =81 200（元）

（5）计征进口环节增值税的计算公式为：应纳税额 = （完税价格 + 实征关税税额 + 实征消费税税额） × 增值税税率

如前例 1 所述，要求计算进口环节增值税税额。

[计算步骤]

①确定税则号列：汽缸容量 2000cc 的小轿车归入税号 8703234101

②确定适用税率：适用进口环节增值税率 17%

③确定完税价格：CIF 目的地口岸 125 800 美元

C + I + F =120 000 +800 +5 000 =125 800（美元）

④折算人民币：125 800 ×6. 6566 =837 400. 28（元）

⑤计算进口环节消费税税额：进口环节增值税应纳税额 = （完税价格 + 实征关税税额 + 实征消费税税额） × 增值税税率 = （837 400. 28 + 209 350. 07 + 55 092. 12） ×17% =187 313. 22（元）

（6）从价计征出口关税的计算公式为：出口关税 = 〔离岸价格 ÷ （1 + 出口关税税率）〕 × 出口关税税率。

案例四 国内某企业从我国口岸向新加坡出口一批合金生铁，申报出口量 100 吨，价格为 FOB 我国出口口岸 500 美元/吨。计征汇率为 1 美元 = 6. 6566 元人民币，要求计算出口关税。

[计算步骤]

①确定税则号列：该批合金生铁归入税号 72015000，出口税率为 20%，暂定税率 25%，根据“适用出口税率的出口货物有暂定税率的，应当适用暂定税率”的规定，本情况下适用暂定税率 25%。

②确定 FOB 价格：500 ×100 =50 000（美元）

③折算人民币：50 000 ×6. 6566 =332 830（元）

④计算出口关税：出口关税应纳税额 =〔离岸价格÷（1+出口关税税率）〕×出口关税税率=〔332 830÷（1+25%）〕×25% =66 566（元）

（7）从量计征出口关税的计算公式为：出口关税=货物数量×单位关税税额。

目前，从量出口关税使用得比较少，基本上都是从价出口关税。

二、税款的缴纳

（一）纳税义务人

（1）进口货物的收货人、出口货物的发货人是关税的纳税义务人。

（2）报关企业接受纳税义务人的委托，以纳税义务人的名义办理报关纳税手续，因报关企业违反规定而造成海关少征、漏征税款的，报关企业对少征或者漏征的税款、滞纳金与纳税义务人承担纳税的连带责任。

（3）报关企业接受纳税义务人的委托，以报关企业的名义办理报关纳税手续的，报关企业与纳税义务人承担纳税的连带责任。

（4）除不可抗力外，在保管海关监管货物期间，海关监管货物损毁或者灭失的，对海关监管货物负有保管义务的人应当承担相应的纳税责任。

（二）关税缴纳的期限和滞纳金

1. 纳税期限

进出口货物的纳税义务人应当自海关填发税款缴款书之日起15日内缴纳税款。

进出口货物的关税逾期缴纳的，除依法追缴外，由海关自到期之日（即第16日）起至缴清税款之日止，按日加收欠缴税款万分之五的滞纳金。

2. 滞纳金

滞纳金是指海关对纳税义务人未在关税缴纳期限内履行关税给付义务而在征收关税税款以外另行课以应纳税额一定比例的款项，其目的是促使纳税义务人尽快履行纳税义务。滞纳金的起征点是人民币50元。

滞纳金金额＝滞纳税款额×（5÷10 000）×滞纳天数

（三）税款缴纳方式

税款缴纳方式是指纳税义务人在何时何地以何种方式向海关缴纳税款。目前，纳税义务人向海关缴纳税款的方式主要以进出口地纳税为主，也有部分企业经海关批准采取属地纳税方式。进出口地纳税是指货物在申报进出口地海关办理纳税手续。属地纳税是指进出口货物应缴纳的税款由纳税义务人所在地主管海关征收，纳税义务人在所在地缴纳税款。

（四）税款缴纳手续

目前，纳税义务人向海关缴纳税款的方式主要有两种：一种是持税款缴款书向指定银行办理税款交付手续；另一种是向签有协议的银行办理电子支付税款的手续。

纳税义务人采取柜台支付缴纳税款的，现场海关通关部门征收税款岗位凭收款银行签章的税款专用缴款书第一联（收据）核注该票报关单电子数据。

纳税义务人采取电子支付方式缴纳税款的，H2000 系统自动核注。收款银行将税款转入国库后，海关财务部门凭税款专用缴款书第四联（回执）核销该票税单。

第四章　通关办结

我们终于在通关办结这一章见面了，这说明您已顺利完成进出口货物的申报，办理了海关的查验手续，已向海关缴纳了相关税款。那么到此，您已走到了货物通关的最后一环，即办理货物的提取或发运，并可以向海关申请签发报关单证明联，这些工作完成后，基本上大功告成了。

第一节　企业通关办结的手续

一、海关放行及办结海关手续

企业向海关申报，依次完成了交单、查验、纳税作业后，企业已经获准了提取进口货物或对出口货物实施装运，从海关监管的角度看，这个环节也称之为海关放行。

货物操作放行后，海关计算机通关系统将自动核销舱单、征免税证明、账册、许可证等备案电子数据。

海关将在您的提（运）单上加盖“放行章”。

海关放行后，还会对货物的进出口管理进行最后的确认，通常称这个环节为办结海关手续，对企业而言，即意味着进出口货物已全部完成海关现场通关监管手续，可以向海关申请签发报关单证明联了。其中，进口货物及没有实际出境、在境内结转的货物放行即结关，准予货物提离海关监管场所。实际出境货物则需由海关接收到出口理货报告电子数据，并审核确认出口货物实际离境后，才能算完成。

二、海关对实际出境出口货物的结关处置

（1）舱单传输人应当在运输工具开始装载货物的 30 分钟前向海关传输装载舱单电子数据。

（2）运输工具负责人应当在货物装载完成后向海关提交申请，经海关办结手续后，出境运输工具方可离境。

（3）出境运输工具驶离装货港的 6 小时以内，海关监管场所经营人或者理货部门应当以电子数据方式向海关提交理货报告。

（4）海关计算机系统自动为已经确认的出口理货报告相关联的出口报关单设置结关标志，核销电子账册等备案信息。

三、企业办结海关手续后申请签发的单据

（1）出口货物报关单证明联；

（2）进口货物报关单证明联；

（3）加工贸易核销的海关核销联。

海关提醒 海关已签发的报关单证明联、核销联因遗失、损毁等特殊情况需要补签的，企业应当自原证明联、核销联签发之日起 1 年内向海关提出书面申请，经海关审核同意后，可予以补签。

第二节　企业申请签发出口退税证明联

出口货物放行离境后，企业可以向海关申请签发出口报关单证明联。

小贴士 出口货物退（免）税是指出口货物退还、免征、抵扣国内生产环节和流转环节按税法规定缴纳的增值税、消费税或免征应纳税额。

一、签发的规定

（1）出口货物实际离境后，海关将在收到出口理货报告后的5个工作日内完成出口货物结关作业，并签发出口退税报关单证明联。对于转关运输的出口货物，起运地海关收到出境海关回执后5个工作日内，签发出口退税报关单。

（2）海关签发的出口退税报关单统一印制“出口退税专用”字样，右下角加盖在税务部门备案的“验讫章”。

（3）出口退税报关单数据实行联网核查制度，出口退税报关单与报关单电子信息应当一致。

二、修改和补签的规定

（1）出口退税报关单证明联一经签发，不得修改，对确因录入、网络传输及系统故障等原因需要修改数据的，企业应交回原出口退税专用报关单，重新打印并上传新电子数据，不得采取人工填写或修改后加盖印章的做法。

（2）出口退税报关单证明联因遗失、损毁申请补签，出口货物的发货人、受委托的报关企业应当自原出口退税报关单签发之日起1年内向海关书面申请，出口退税专用报关单上注明“补签”字样。

海关提醒 为了进一步简化和优化出口收汇与出口退税手续，根据《关于货物贸易外汇管理制度改革的公告（国家外汇管理局公告2012年第1号）》的规定，自2012年8月1日起在全国实施货物贸易外汇管理制度改革，海关签发报关单证明联的规定也将同步进行调整。

第三节　申请签发进出口货物证明书

我们在前面已经介绍了放行、结关的一些规定。下面，您需要做些什么呢？对，货物进出口后，企业还可以向海关申请签发货物进出口的证明文书。

一、进出口货物证明书的作用

海关签发的进出口货物证明书，可以证明该货物是进出口货物，在特定的场合，该证书发挥着不可替代的作用。例如，您从境外进口的汽车在交管部门办理上牌手续时，就必须提供海关出具的汽车进口证明文件。

二、申请签发的规定

（1）普通货物用的《货物进口证明书》和《货物出口证明书》，由进出口货物报关地海关负责签发。

（2）进口时含有发动机的汽车，海关将按照进口汽车的实际发动机号码填写《货物进口证明书》“发动机号”栏目，该栏目不得为空。海关无法通过现场查验获得汽车发动机号的，汽车进口单位应向进口地海关提供汽车发动机号。对进口时不含发动机的汽车，海关在签发《货物进口证明书》时，“发动机号”栏目不予以填写。

（3）申请补发汽车用《货物进口证明书》，持证人应要求原进口汽车单位向原签发地海关提交申请书、公安部门报案丢失的立案证明、在省市级报纸上刊登的遗失声明以及必要的进口单证等。

第四节　申请对报关单修改或撤销

可能您不是个粗心大意的人，但我还是想在这里介绍一下：万一发现原报关单内容有误该怎么办？在哪些情况下，企业可以申请修改或撤销报关单呢？

申报是进出口货物收发货人在办理货物通关手续时履行海关义务的一种法律行为。进出口货物的申报自被海关接受时起，申报单证即产生法律效力，对进出口货物的收发货人或受委托的报关企业具有约束力，原则上申报内容不得修改，报关单证亦不得撤销。

一、修改或撤销报关单的六种情形

（1）由于报关人员操作或者书写失误造成所申报的报关单内容有误，并且未发现有走私违规或者其他违法嫌疑的；

（2）出口货物放行后，由于装运、配载等原因造成原申报货物部分或者全部退关、变更运输工具的；

（3）进出口货物在装载、运输、存储过程中因溢短装、不可抗力的灭失、短损等原因造成原申报数据与实际货物不符的；

（4）根据贸易惯例先行采用暂时价格成交、实际结算时按商检品质认定或者国际市场实际价格付款方式需要修改申报内容的；

（5）由于计算机、网络系统等方面的原因导致电子数据申报错误的；

（6）其他特殊情况经海关核准同意的。

二、修改或撤销报关单的三种程序

（一）审查程序

（1）企业向海关提出申请，具有下列情形的，按照审查程序办理。

①在进口货物放行后或者出口货物办结海关手续后提出申请的；

②内容涉及报关单的商品编号、商品名称及规格型号、币制、单价、总价、原产国（地区）、最终目的国（地区）、贸易方式（监管方式）、成交方式九项内容之一的。

（2）按照审查程序办理时：

①申请材料齐全的，海关制发《进出口货物报关单修改撤销申请受理决定书》，或当场制发准予或者不予以修改、撤销的决定书。

②申请材料不齐全或者不符合法定形式的，海关应当制发《进出口货物报关单修改撤销申请告知书》，告知具体要求；

③申请人不符合条件的，海关制发《进出口货物报关单修改撤销申请不予受理决定书》；

④经审查决定予以修改或者撤销的，海关制发《准予修改撤销进出口货物报关单决定书》，经审查决定不予以修改或者撤销的，海关应当制发《不予修改撤销进出口货物报关单决定书》。

（二）非审查程序

为了进一步简化手续，提高现场通关效率，企业向海关提出申请，并不属于已经结关且不属于审查程序所列九项报关单项目指标之一的，海关可以直接决定是否予以修改或者撤销操作。

（三）海关要求修改或撤销的程序

进出口货物报关单审结后，海关发现进出口货物报关单需要修改或撤销，应当及时通知企业。海关根据企业填写的《进出口货物报关单修改撤销确认书》完成对报关单的修改或者撤销。

小贴士 海关已经决定布控、查验进出口货物的，进出口货物的收发货人、受委托的报关企业不得修改报关单内容或撤销报关单证。

第五章　快件通关

您一定收寄过国际快件吧？那么您了解进出境快件通关吗？知道国际快件是如何寄达到您手上的吗？进出境快件在收寄过程中在海关经历了哪些流程和手续？您是否想用国际快件寄递您急需的货物呢？

下面就为您详细介绍一下和进出境快件相关的海关知识。

第一节　了解快件

一、什么是快件（进出境快件）

根据《中华人民共和国邮政行业标准》的定义，快件（Express Items）是快递服务组织依法收寄并封装完好的信件和包裹等寄递物品的统称。这是快件的最标准定义。那么我们要介绍和讨论的进出境快件又是指什么呢？按照海关的定义，进出境快件是指进出境快件运营人以向客户承诺的快速商业运作方式承揽、承运的进出境货物、物品。进出境快件属于国际快递服务（ international express service），特征是进出境快件的寄件人和收件人分别在中华人民共和国和其他国家或地区。

二、什么是快件运营人

进出境快件运营人是指在中华人民共和国境内依法注册，在海关登记备案的从事进出境快件运营业务的国际货物运输代理企业。

进出境快件运营人是我们通常所说的“国际快递公司”，目前主要有：EMS，DHL，UPS，FedEx，TNT等快递业“巨头”，这些国际快递公司每年的业务量以30%的速度增长，在我国对外贸易中发挥了举足轻重的作用。

下面就为您简要介绍几家在中国知名的进出境快件运营人（国际快递企业）：

（1）EMS国际快递。

EMS又称邮政特快专递服务，是中国邮政集团旗下的中国速递服务公司提供的一种快递服务。主要经营国际、国内EMS快递业务，是中国速递服务的最早供应商，也是目前中国速递行业的最大运营商和领导者。公司拥有员工20 000多人，EMS业务通达全球200多个国家和地区以及国内近2 000个城市。更重要的是，该业务在航空等部门享有优先处理权，它以高速度、高质量为用户传递国际、国内紧急信函、文件资料、金融票据、商品货样等各类文件资料和物品。

（2）DHL国际快递。

DHL又称敦豪航空货运公司，1969年创立于美国旧金山，现隶属于德国邮政全球网络。DHL是全球快递、洲际运输和航空货运的领导者，也是全球第一的海运和合同物流提供商。在中国内地，DHL与中国对外贸易运输总公司合资成立了中外运敦豪，是进入中国市场时间最早、经验最为丰富的国际快递公司。DHL拥有世界上最完善的速递网络之一，可以到达220个国家和地区的12万个目的地。在中国市场的占有率已达到了36%，它的优势区域是欧洲和东南亚地区。

（3）FedEx国际快递。

FedEx又称联邦快递国际快递公司，是一家国际性速递集团，提供隔夜快递、地面快递、重型货物运送、文件复印及物流服务，总部设于美国田纳西州，其年收入高达320亿美元。FedEx1984年进入中国，现在每周有11个班机进出中国，是拥有直飞中国航班数目最多的国际快递公司。

联邦快递进入中国快递行业也比较早，FedEx国际快递服务通达全球230多个国家和地区；派送网络遍布世界各地。FedEx国际快递时效正常情况下2~4个工作日即可通达全球。优势区域是中南美洲及欧洲。

（4）UPS 国际快递。

UPS 又称为联合包裹服务公司，起源于 1907 年在美国西雅图成立的一家信差公司，是世界上最大的快递承运商与包裹递送公司，资产达 515 亿美元。其商标号称是世界上最知名、最值得景仰的商标之一，同时也是专业的运输、物流、资本与电子商务服务的领导性的提供者。UPS 从世界范围来看，其实是快递行业的老大，历史最为悠久，且与 FedEx 一直是对手。但在中国，UPS 的影响力要次于 FedEx。UPS 的强势地区为美洲地区。

（5）TNT 国际快递。

TNT 国际快递集团是全球领先的快递邮政服务供应商，为企业和个人客户提供全方位的快递和邮政服务，公司总部设在荷兰的阿姆斯特丹。TNT 拥有欧洲最大的空陆联运快递网络，能实现门到门的递送服务，并且正通过在全球范围内扩大运营分布来最大幅度优化网络效能。

三、如何成为快件运营人

了解了这么多进出境快件运营人的情况，您是不是也想经营进出境快件，成为快件物流行业的领军人物呢？下面给您介绍一下运营人在海关办理登记手续须具备的条件：

（1）内资国际货物运输代理企业及其分支机构已经获得国务院对外贸易主管部门或者其委托的备案机构办理的国际货运代理企业备案表；外商投资国际货物运输代理企业已经获得国务院对外贸易主管部门颁发的外商投资企业批准证书，获准经营进出境快件业务；外商投资国际货物运输代理企业分公司已经获得国务院对外贸易主管部门的批准文件，获准经营进出境快件业务。

（2）已经领取工商行政管理部门颁发的企业法人营业执照，准予或者核定其经营进出境快件业务。

（3）已经在海关办理报关企业注册登记手续。

（4）具有境内、外进出境快件运输网络和 2 个以上境外分支机构或代理人。

（5）具有本企业专用进出境快件标志、运单，运输车辆符合海关监管要求并经海关核准备案。

(6) 具备实行电子数据交换方式报关的条件。

(7) 快件的外包装上应标有符合海关自动化检查要求的条形码。

(8) 与境外合作者（包括境内企业法人在境外设立的分支机构）的合作运输合同或协议。

办理快件运营人备案流程如下：

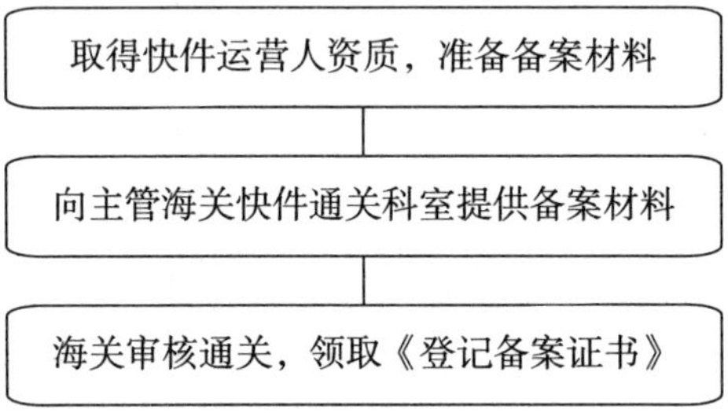

快件运营人备案流程：取得快件运营人资质，准备备案材料。

具备《中华人民共和国海关快件监管办法》中快件运营人资质后，准备如下备案材料：《海关快件监管场所备案表》、《国际货运代理企业备案表》（内资国际货物运输代理企业及其分支机构）、《外商投资企业批准证书》（外商投资国际货物运输代理企业）、国务院对外贸易主管部门的批准文件（外商投资国际货物运输代理企业分公司）、企业法人营业执照、《报关注册登记证书》、同境外合作者的合作协议及商业登记证书、同运输公司签订的租用海关备案车辆的合同。

向主管海关的快件的现场递交申请材料，领取快件运营人登记证书：

快件运营人递交申请后，现场海关初审无误后，将上报主管部门，主管部门复核无误后，将通知企业领取证书。

海关提醒 快件进出境快件运营人不再具备以上所列条件之一或者在1年内没有从事进出境快件运营业务的，海关将注销该运营人从事进出境快件报关的资格。条件是不是很苛刻？所以，能从事进出境快件经营的这些企业都是国内比较优秀的企业。

作为快件运营人应特别注意的事项：

具备了快件运营人资格后，还有几项特别要注意的事项，根据《中华人民共和国海关对进出境快件监管办法》，进出境快件运营人应遵守以下规定：

（1）运营人不得承揽、承运“中华人民共和国禁止进出境物品表”所列物品，如有发现，不得擅作处理，应当立即通知海关并协助海关作出处理。

未经中华人民共和国邮政部门批准，运营人不得承揽、承运私人信件。

（2）运营人不得以任何形式出租、出借、转让本企业的进出境快件报关权，不得代理非本企业承揽、承运的货物、物品的报关。

（3）未经海关许可，未办结海关手续的进出境快件不得移出海关监管场所，不得进行装卸、开拆、重换包装、更换标记、提取、派送和发运等作业。

（4）运营人申请办理进出境快件代理报关业务的，应当按照海关对国际货物运输代理企业的注册管理规定在所在地海关办理登记手续。

第二节　进出境快件通关

本节主要为您讲述进出境快件通关中的相关情况，提前做好相关准备工作，保证您的进出境快件快速、顺利通关。

一、进出境快件的分类

根据自2006年5月1日开始实施的修订后的《中华人民共和国海关对进出境快件监管办法》（以下简称《办法》，海关总署令第147号公布），进出境快件分为三类：文件类、个人物品类和货物类。

文件类进出境快件是指法律法规规定予以免税且无商业价值的文件、单证、票据及资料。个人物品类进出境快件是指海关法规规定自用、合理数量范围内的进出境的旅客分离运输行李物品、亲友间相互馈赠物品和其他个人物品。货物类进出境快件是指文件类进出境快件和个人物品类进出境快件以外的快件。

小贴士 快件的分类很重要。您在办理进出境快件报关手续时，应当按照进出境快件的分类分别向海关提交有关报关单证并办理相应的报关、纳税手续。分类是确定如何报关、如何纳税以及能否快速通关的前提。所以，掌握正确的快件分类是快件迅速和顺利通关的前提。

二、进出境快件的申报

掌握了进出境快件的分类，申报时只要按照相关分类向海关提交相应单证即可。

（一）文件类进出境快件的申报

您应当向海关提交《中华人民共和国海关进出境快件 KJ1 报关单》、总运单（副本）和海关需要的其他单证。

（二）个人物品类进出境快件的申报

您应当向海关提交《中华人民共和国海关进出境快件个人物品申报单》、每一进出境快件的分运单、进境快件收件人或出境快件发件人身份证复印件和海关需要的其他单证。

（三）货物类进境快件的申报

货物类进境快件报关比较复杂，您应当根据不同的情形分别向海关提交报关单证：对关税税额在《关税条例》规定的关税起征数额以下的货物和海关规定准予免税的货样、广告品，应提交《中华人民共和国海关进出境快件 KJ2 报关单》、每一进境快件的分运单、发票和海关需要的其他单证。根据《关税条例》的规定，关税税额在人民币 50 元以下的一票货物、无商业价值的广告品和货样免征进口关税。对应予征税的货样、广告品（法律、法规规定实行许可证件管理的、需进口付汇的除外），应提交《中华人民共和国海关进出境快件KJ3报关单》、每一进境快件的分运单、发票和海关需要的其他单证。对文件类进境快件、个人物品类进境快件和以上两种货物类进境快件之外的其他类型的货物类进境快件，按照海关对进口货物通关的规定办理。

（四）货物类出境快件的申报

货物类出境快件的申报，也需要您根据不同的情形分别向海关提交报关单证：对货样、广告品（法律、法规规定实行许可证件管理的，需出口收汇的、出口退税的除外），应提交《中华人民共和国海关进出境快件KJ2报关单》、每一出境快件的分运单、发票和海关需要的其他单证。

对除货样、广告品以外的其他货物，包括法律、法规规定实行许可证件管理的、需出口收汇、出口退税的货样、广告品，按照海关对出口货物通关的规定办理。

小贴士 专差快件的报关：

（1）运营人通过专差方式承运快件进出境，也应当按规定向海关办理备案审批手续。经审核批准后，由所在地海关发给《专差快件登记备案证书》，运营人凭海关所发证书办理报关手续。

（2）专差快件应当在运营人所在地海关指定的本关区内的口岸进出境，并按上面申报的规定办理报关手续。

（3）运营人应当将专差快件进出境的时间、承运路线、运输工具航（车）次、专差的详细情况等报所在地海关备案。前述情况需要变更的，运营人应当于前15日报请所在地海关核准。

（4）专差快件应当使用专门的包装，其总包装上应当标注运营人名称及“专差快件”字样。

海关提醒 根据海关总署公告2009年第39号《关于进境KJ3类快件的申报规范、快件渠道进出境个人物品监管有关问题》的要求，对于进境KJ3类快件，快件企业向海关申报时，在报关单“货物名称”栏增加了申报规格、型号、数量和计量单位等内容；同时，快件渠道进出境个人物品的限值、免税额、完税价格、税则归类等事宜按照《海关法》、《关税条例》及海关总署关于进出境个人邮递物品相关规定办理。

第三节 进出境快件查验

同进出口货物查验一样，海关为确定您的快件分类是否正确，以及向海关申报的内容是否与进出境快件的真实情况相符，就会对您的快件进行查验。不过您不必过分担心，快件查验相对货物查验而言，速度会更快，不会耽误您的快件通关。下面就为您介绍进出境快件查验的流程和注意事项。

一、进出境快件查验流程

（1）海关会主动通知您或者您的代理人，您的快件将被查验。

（2）您的进出境快件查验应提交的相关单证：①快件KJ1类报关单；②快件KJ2类报关单；③快件KJ3类报关单、总运单、分运单、发票及海关需要的其他单证；④普通货物类，中华人民共和国进（出）口货物报关单、总运单、分运单、发票及海关需要的其他单证。

（3）海关实施查验时，您或您的代理人应及时到场，并负责所查验货物的搬移、开拆，查验后货物包装应当重封。

（4）如进出口货物包装有破损，您或您的代理人应当出具由航空公司或者快件运营人提供的破损记录单，海关在明确破损原因后方实施查验。

（5）对于危险品、化学品或需在一定技术条件下开拆而查验地点不具备查验条件的商品，您或您的代理人应当正式提出书面申请，海关审批同意后，另外安排合适的查验时间、地点和方式。

（6）海关实施查验完毕，您或您的代理人应及时在《海关进出口货物查验作业单》或《进出境快件查验记录单》的“货主或其代理人意见”栏中详细填写相关信息并签字。

（7）海关查验货物在海关监管区内进行。需在海关监管区以外实施查验的，须经海关批准。

二、如何实时掌握进口快件的情况

如果您想提前确认您的进口快件，那么可以向海关申请进口快件申报前看货取样。

（1）进口快件申报前看货取样仅限于进口货物的收货人申请在申报前查看货物或提取货样。

（2）申请时，应持正本提单、装箱单、商业发票、主管部门签发的检疫合格通知单或书面批准证明（属于法定检疫商品）、纸质舱单，填写申请书，向海关提出申请。

海关提醒 快件进境后，若海关已取得走私违法证据的，一律不予以批准看货、取样。

（3）如果您仅为查看货物，那么需要将查看结果填写查看记录单；如另需取样，应将取样数量等内容记录清楚，并将样品返还情况予以登记。

（4）您查看货物应以一般外型查看为主，通过外观能确定货物归类的，海关不予以批准取样。

（5）申请提取货样的，如属动植物、动植物产品及其他需要法定检疫的货物及产品，您须提供主管部门签发的检疫合格通知单或书面批准证明。

注意：因查看货物或者提取货样而产生的费用由收货人来承担。

小贴士 根据海关总署《监管司关于对进出境邮件、快件开箱查验后放置〈查验告知单〉通知》要求，海关快件监管现场在对进出境快件开箱查验后，均会在快件包装内明显位置放置查验告知单，告知收件人所收快件已接受中国海关查验。放置查验告知单，大大增加了海关查验工作透明度，进一步体现了海关执法的公正、公开和文明，所以如果您在您的快件中发现海关的《查验告知单》，说明您的快件已经过海关查验。

海关提醒 快件中的下列物品，海关分别按照有关规定验放：(1) 个人自用物品；(2) 外国驻华使、领馆及其人员进出境的公、私用物品；(3) 联合国各专门机构、其他国际组织驻华代表机构及其人员进出境的公、私用物品；(4) 外商常驻机构及其人员进出境的公、私用物品。

总结一下进出境快件通关中的注意事项：

（1）应当在海关正常办公时间内通关，否则需征得海关同意

（2）采用纸质或电子数据形式报关

（3）申报期限
- 进境：运输工具申报进境之日起14日内
- 出境：运输工具离境3小时前

（4）申报单证
- 进境
  - A文件类：提交KJ1报关单，总运单（副本）和海关需要的其他单证
  - B个人物品类：提交进出境快件个人物品报关单及海关需要的其他单证
  - C货物类
    - a关税额<50元的货物，免税的货样、广告，应提交KJ2报关单及其他所需单证；
    - b应税货样、广告（除实行许可证管理、进口付汇的货物），应交KJ3报关单及 其他单证
    - c其他均按进口货物报关。
- 出境
  - a免税的货样、广告品（许可证件管理，出口收汇除外），出境应提交KJ2报关单及其他单证
  - b其他出境货物，按出口货物报关

第四节　进出境快件转关

进出境快件也可以办理转关业务。转关运输是指海关为加速口岸进出口货物的疏运，方便收、发货人办理海关手续，依照有关法律的规定，允许海关监管货物由关境内一设关地点转运到另一设关地点办理进出口海关手续的行为。为方便进出境快件运营人和收发件人，海关对符合要求的进出境快件也同样办理转关手续。

一、可按转关模式办理手续的进出境快件

（1）除了以下货物，一般进出境快件均可办理转关手续：

汽车整车（包括整套散件及二类底盘）；

消耗臭氧层物资、化学武器关键前体、可作为化学武器的化学品、化学武器原料、易制毒化学品等；

动物废物、冶炼渣、木制品废料、纺织品废物、贱金属及其制品的废料、各种废旧五金、废电机、废电器产品、废运输设备、废塑料、碎料及下脚料等；

国家检验检疫部门规定必须在口岸检验检疫的商品。

（2）过境货物；

（3）口岸与特殊区域（场所）之间或在特殊区域（场所）之间运输货物；

（4）其他法律、法规规定必须办理转关手续的货物。

二、提前报关应提交的单证

发票、装箱单、提（运）单、正本报关委托书、报关单打印联、中华人民共和国海关境内汽车载运海关监管货物载货登记簿。

三、直接转关应提交的单证

发票、装箱单、提（运）单、正本报关委托书、报关单手填联、中华人民共和国海关境内汽车载运海关监管货物载货登记簿。

海关提醒 需要符合转关的条件：(1) 转关的指运地和起运地必须设有海关；(2) 转关的指运地和起运地应当设有经海关批准的监管场所；(3) 转关承运人应当在海关注册登记，承运车辆符合海关监管要求，并承诺按海关对转关路线范围和途中运输时间所作的限定将货物运往指定的场所。

第六章　常见贸易方式及特殊情形处理

如果您是一位国际贸易的从业人员，您就会发现，在进出关境货物向海关申报的时候，如何正确选择适用的贸易方式令很多人头疼。因为除占据大部分的正常贸易方式成交的货物外，还存在很多特殊的贸易方式，比如像加工贸易的货物、需要进出境修理的货物等。贸易方式是我国海关在进出口货物通关过程中，以国际贸易中进出口货物的交易方式为基础，结合海关对进出口货物的征税、统计及监管条件综合设定了对进出口货物的管理方式，简称贸易方式。

在国际贸易中，最常见的就是以正常贸易方式成交的货物，也就是我们常说的一般贸易，一般贸易是指我国境内有进出口经营权的企业单边进口或单边出口的贸易。这种贸易方式适用于以下货物：以正常交易方式成交的进出口货物，贷款援助的进出口货物，外商投资企业进口供加工内销产品的料件，外商投资企业用国产原材料加工成品出口或采购产品，供应外国籍船舶、飞机等运输工具的国产燃料、物料及零配件，保税仓库进口供应给中国籍国际航行运输工具使用的燃料、物料等保税货物，境内企业在境外投资以实物投资带出的设备、物资，来料养殖、来料种植进出口货物。

下面主要介绍几种贸易方式及其特殊情形处理。

第一节　加工贸易常见问题的申报处理

加工贸易中经常会发生进境的料件产生盈余，生产剩余的边角料如何处理，成品出境后发生损坏等意外情况，如何应对这些意外情况呢？其实在海关通关过程中，已经为各种可能出现的意外情况设置了相应的贸易方式，只要了解加工贸易所涉及的几种贸易方式，就可以正确处理加工贸易中所遇到的各种情况。

一、来料加工贸易和进料加工贸易

来料加工贸易是指进口料件由境外企业提供，经营企业不需要付汇进口，按照境外企业的要求进行加工或者装配，只收取加工费，制成品由境外企业销售的经营活动。包括以下货物：

（1）来料加工项下进口的料件和加工出口的成品。

（2）设立保税工厂的加工贸易企业来料加工进口料件和出口成品。

相对于来料加工，进料加工有其特殊的地方。下面我们简单介绍一下：

进料加工贸易，是指进口料件由经营企业付汇进口，制成品由经营企业外销出口的经营活动。

进料加工贸易按照对外签约形式分为进料加工非对口合同和进料加工对口合同。

进料加工非对口合同是指我方有外贸进出口经营权的企业动用外汇购买进口原料、材料、元器件、零部件、配套件和包装物料（以下简称“料件”），加工成品或半成品再返销出口的交易形式。

进料加工对口合同是指买卖双方分别签订进出口对口合同，料件进口时，我方先付料件款，加工成品出口时再向对方收取出口成品款项的交易形式，包括动用外汇的对口合同或不同客户的对口的联号合同，以及对开信用证的对口合同。

综上所述，进料加工和来料加工的最大区别就在于谁来进行成品的销售。

海关提醒 以下货物是不适用于来料加工贸易方式的：

（1）国有企业代理来料加工企业进口加工生产用柴油，贸易方式为加工专用油。

(2) 由特定企业以加工贸易进口原油加工成品油，不返销出境，供应国内市场的，贸易方式为“成品油”。

(3) 进口 5 000 美元以下的 78 种列名辅料，贸易方式为“低值辅料”。

二、成品、料件、边角料的申报

在加工贸易中，进口的料件如果出现盈余，成品需要进一步加工，如果产生了很多的边角料，这些情况如何申报呢？对于前面所说的每一种情况，我们都有相应的贸易方式相对应，下面就作以简单介绍。

（一）如果加工贸易的成品需要进一步加工

随着社会分工的细化，很多技术含量较高的产品需要由复杂的工序来完成，而这些工序又需要许多不同的加工企业来完成，这种需要就催生了一种新的贸易方式，就是深加工结转。加工贸易保税货物深加工结转是指来料加工、进料加工经营企业将保税进口料件加工的产品不直接出口，在境内结转给另一个加工贸易企业再加工后复出口。适用以下货物：

(1) 非海关特殊监管区域加工贸易经营企业之间来料深加工货物结转。

(2) 非海关特殊监管区域加工贸易经营企业转自海关特殊监管区域加工贸易经营企业加工的货物。

海关提醒 以下货物都有更适合的贸易方式：

(1) 保税区、保税物流园区等海关特殊监管区域之间结转的货物，贸易方式为保税间货物。

(2) 出口加工区企业生产的产品结转至其他出口加工区或非海关特殊监管区域加工复出口，加工区企业转出、转入报关单贸易方式为出口加工区成品进出区。

(3) 经营企业进料加工产品转给享受减免税优惠的企业，贸易方式为进料成品转减免。

(二) 加工贸易中盈余的料件结转给另一家企业

在加工贸易过程中还有余料，但是还有进行同种加工贸易生产的企业想利用这种料件，如果退运国外后再进口会产生很多费用，那么我们可以直接将这些料件结转给其他企业，只要按照加工贸易余料结转申报就可以。这种贸易方式的申报也有其要求，要符合以下情况：加工贸易企业在经营来料加工、进料加工的加工复出口业务过程中剩余的、可以继续用于加工制成品的加工贸易进口料件，结转到同一经营单位、同一加工企业、同样进口料件和同一加工贸易方式的另一个加工贸易合同项下继续加工复出口，申报贸易方式为加工贸易余料结转。

(三) 加工贸易中料件需要退运

加工贸易中如果出现料件剩余，这些余料由于种种原因无法再在国内使用，我们应该将这些余料退运出境，这时我们就要申报加工贸易料件复出。加工贸易料件复出适用：

(1) 来料加工、进料加工进口的保税料件因品质、规格等原因退运，以及加工过程中产生的剩余料件、边角料、废料退运出境。

(2) 经营企业因加工贸易出口产品售后服务需要，申请出口加工贸易手册项下进口的保税料件。

海关提醒 有些料件退运出境是不适用于这种贸易方式的，比如加工贸易进口料件、剩余料件及边角料、废料复运出境后更换同类货物进口，贸易方式为“来料料件退换”、“进料料件退换”。

(四) 加工贸易的料件出现问题需要退换

如果加工贸易的保税料件出现了质量问题，需要出境更换，我们就要申报加工贸易料件退换，这种贸易方式专门适用于来料、进料加工进口的保税料件因品质、规格等原因退运出境，更换料件复进口。

（五）加工贸易出口的成品需要退换

加工贸易简单地说就是企业利用国外进口的料件进行加工，加工的成品销往国外的贸易形式。在这种情况下，加工的成品难免会出现一些质量问题，按照相关的规定，成品出现问题我们需要包退包换，这时就要向海关申报加工贸易成品退换了，这种贸易方式是指来料、进料加工出口的成品因品质、规格或其他原因退运进境，经加工、维修或更换同类商品复出口。

海关提醒 很多情况下不能使用这种贸易方式申报，像来料加工、进料加工过程中产生的剩余料件、边角料、废料退运出境，以及进口料件因品质、规格等原因退运出境且不再更换同类货物进境。这几类货物分别适用以下贸易方式：来料料件复出、来料边角料复出、进料料件复出、进料边角料复出。

（六）加工贸易的料件、边角料不再需要

进行加工贸易生产的企业，由于生产工艺、单耗计算等原因，其进口的料件往往会与实际生产产生误差，这时我们要将盈余的料件向海关申报，这种贸易方式就可以按照加工贸易料件放弃贸易方式申报。该贸易方式是指加工贸易企业来料加工或进料加工进口的料件，不再用于加工成品出口，主动放弃交由海关处理。适用于加工贸易进口料件、剩余料件和边角料。

案例 某公司为国外承接机器零件的加工，在加工过程中产生了很多钢制的边角料，企业将这些边角料卖给了废品回收公司，海关在稽查过程中发现了这种情况，要求企业补报。

上述情况说明，由于企业料件是保税进口的，所以产生的边角料也要

向海关申报，申报的贸易方式为加工贸易料件放弃。

（七）加工贸易的料件、成品销往国内的情况

现在国际经济形势不好，很多出口加工贸易企业生产的成品在国际市场找不到销路；相反，在国内市场此类产品还有很大市场，那么我们完全可以将这些成品销往国内。这种情况包括以下贸易方式：来料料件内销、来料成品转减免、进料料件内销、进料成品转减免、进料边角料内销、来料边角料内销。下面我们作以详细介绍：

加工贸易保税料件转内销是指经营企业来料、进料加工过程中产生的剩余料件或用剩余料件生产的制成品、半成品、残次品及受灾保税货物，经批准转为国内销售，不再加工复出口，包括海关事后发现有关企业擅自转内销并准予补办进口手续的货物。

加工贸易边角料内销是指经批准在境内销售的来料、进料加工过程中有形损耗产生的、仍有商业价值的边角料，包括来料、进料加工副产品。以下货物适用该贸易方式：

加工贸易保税货物内销贸易方式适用于边角料、剩余料件、残次品、副产品和受灾保税货物。

（1）边角料，是指加工贸易企业经营来料加工、进料加工业务，在海关核定的单耗内、加工过程中产生的、无法再用于加工该合同项下出口制成品的数量合理的废、碎及下脚料件。

（2）剩余料件，是指加工贸易企业在经营业务过程中剩余的、可以继续用于加工制成品的加工贸易进口料件。

（3）残次品，是指加工贸易企业经营来料加工、进料加工业务，在生产过程中产生的有严重缺陷或者达不到出口合同标准，无法复出口的制品（包括完成品和未完成品）。

（4）副产品，是指加工贸易企业经营来料加工、进料加工业务，在加工生产出口合同规定的制成品（即主产品）过程中，同时产生的且出口合同未规定应当复出口的一个或者一个以上的其他产品。

（5）受灾保税货物，是指加工贸易企业经营业务过程中，因不可抗力原因或者其他经海关审核认可的正当理由造成灭失、短少、损毁等导致无

法复出口的保税进口料件和制品。

海关提醒 这种情况包括了很多贸易方式，但同样也有很多贸易方式不能适用，像以下情况有更适合的贸易方式：

（1）特定企业以加工贸易的方式进口原油炼制成品油，不返销出境而供应国内市场，贸易方式为“成品油”。

（2）保税区、出口加工区加工贸易转内销货物，贸易方式为“保税区进料料件”、“保税区来料料件”。

（3）企业擅自内销加工贸易保税货物，按走私或违规处理的。

（八）进口加工贸易所需要的机器设备

在我们利用外资开展加工贸易的时候，很多机器设备都是由国外进口的，这种加工贸易设备的进口包括了很多贸易方式，包括不作价设备、加工贸易设备、加工设备内销、加工设备结转、加工设备退运。下面我们详细地介绍一下：

（1）外商提供的加工贸易不作价设备是指境外企业与境内企业开展来料、进料加工业务，外商免费向境内加工贸易经营单位提供加工生产所需设备，境内经营单位不需支付外汇、不需用加工费或差价偿还。

（2）加工贸易设备是指来料加工、进料加工贸易项下外商作价提供、不扣减企业投资总额的进口设备。

（3）加工贸易设备转内销是指在海关监管期内的加工贸易免税进口设备经批准转售给境内非加工贸易企业。

（4）加工贸易设备结转是指海关监管期内的加工贸易免税进口设备经批准转让给另一加工企业，或从本企业一本《加工贸易手册》结转给另一本《加工贸易手册》。

海关提醒 以下情况不适用本贸易方式：

暂时进口（期限在半年以内）加工贸易生产所需不作价设备（限模具、单台设备），按暂时进口货物办理。

外商投资企业投资总额内资金进口的设备，贸易方式“合资合作设备”、“外资设备物品”。

外商投资企业自有资金（投资总额以外）进口设备，贸易方式是“一般贸易”。

出口加工区的设备进口、退运及结转，分别适用“境外设备进区”、“区内设备退运”和“设备进出区”。

（九）使用产品来偿还外方投资

在我国对外经济中，还有一种贸易方式很特别，这就是补偿贸易，之所以说它特别，是因为它很接近以货易货的原始贸易方式。

补偿贸易是指由境外厂商提供或者利用国外出口信贷进口生产技术或设备，我方企业（包括外商投资企业）进行生产，以返销其产品的方式分期偿还对方技术、设备价款或贷款本息的交易方式。包括经贸主管部门批准，使用该企业（包括企业联合体）所生产的其他产品返销给对方，进行间接补偿。

补偿贸易偿还对方技术、设备价款或贷款本息的方式一般有两种：产品出口先偿还设备价款，还清本息后再出口收汇。

设备价款本息在每批出口货物价款中扣还一部分，直到还清为止。

海关提醒 补偿贸易虽然特别，但还有几种类似的贸易方式，包括直接用国内产品同国外厂商交换设备、料件或成品，以货换货，贸易方式为“易货贸易”。

出口产品收取外汇，贸易方式为“一般贸易”。

在补偿贸易合同中同时订有来料加工合同的，来料加工合同部分，贸易方式为“来料加工”。

第二节　特殊监管区域中货物申报时易混淆的要点

在我国对外经济中，特殊监管区域发挥了很大的促进作用，目前我国在很多对外开放地区都设置了特殊监管区域，包括保税区、物流园区、出口加工区等。进出这些区域的货物也有多种贸易方式，下面我们简单介绍一下。

一、货物在特殊监管区域间结转

在特殊监管区域之间的贸易就是我们下面要介绍的保税区间及保税仓库间货物结转，这种贸易方式是指保税区、保税物流园区、出口加工区、出口监管仓库、保税仓库、保税物流中心（A、B 型）等海关特殊监管区域、保税监管场所间往来的货物。

小贴士 本贸易方式不适用出口加工区间结转货物，不同出口加工区企业结转货物适用“出口加工区成品进出区”和“料件进出区”。

二、保税仓库与特殊监管区域

保税仓库是特殊监管区域以外设立的从事保税货物监管的场所，主要从事仓储、转口货物的监管，使用的贸易方式就是保税仓库进出境仓储及转口货物，这种贸易方式是指从境外进口直接存入保税仓库和保税仓库出境的仓储、转口货物，以及出口监管仓库出境的货物。

海关提醒 很多情况不适用本贸易方式：

(1) 保税仓库、出口监管仓库进口自用的货架、办公用品、管理用具、运输车辆、搬运、起重和包装设备，以及改装用的机器等，贸易方式为“一般贸易”。

(2) 从保税仓库提取用于本国籍运输工具或用于维修境内设备的仓储货物，按进口申报，贸易方式为“一般贸易”。

(3) 保税仓库进境货物销往境内，按货物运出保税仓库的实际用途填报相应的贸易方式。

（4）境内存入出口监管仓库和出口监管仓库退仓货物，分各种贸易方式。

（5）保税区、保税物流中心进出境仓储、转口货物，贸易方式分别为“保税区仓储、转口”和“物流中心进出境货物”。

（6）保税仓库货物出仓运往境内其他地方转为正式进口的，在仓库主管海关办结出仓报关手续，填制出口报关单，贸易方式填写保税间货物，进口报关单按实际进口贸易方式填报。

（7）保税仓库寄售维修零部件申请免税出仓的，进口报关单贸易方式应为无代价抵偿。

三、进出特殊监管区域的货物

相对保税仓库，保税区作为特殊监管区域，其从事的海关业务更为多样，但主要还是仓储、转口货物的监管。这类货物适用的贸易方式就是保税区进出境仓储、转口货物，这种贸易方式是指从境外存入保税区、保税物流园区和从保税区、保税物流园区运出境的仓储、转口货物。

海关提醒 保税区等特殊监管区域从事的海关业务有多种，以下情况就不适用本贸易方式：

（1）保税区、保税物流园区除仓储、转口货物以外的其他进出境货物，按实际贸易方式填报。

（2）从境内非海关特殊监管区域、保税监管场所运入保税区、保税物流园区的货物，按实际贸易方式填报。

（3）从境内非海关特殊监管区域、保税监管场所运入保税区、保税物流园区的货物退回境内，按实际贸易方式填报。

（4）从保税区、保税物流园区运往境内非海关特殊监管区域、保税监管场所的货物，按实际贸易方式填报。

第三节　选择适合的特殊贸易方式

除了一般贸易货物和保税货物，在实际进出口过程中还存在很多其他的贸易方式。比如，我们从国外租赁了一台设备应该如何申报呢？进口参加展览的货物如何申报呢？免税品、无偿援助、展览品等货物如何申报呢？下面我们就这些特殊的贸易方式下的货物申报作简单介绍。

一、供应国际运输工具的油物料

随着我国对外贸易的持续发展，同时蓬勃发展的还有航运业，2011 年仅上海洋山港进出境国际航行船舶就突破了万艘次，很多国际航行船舶选择了在我国补充供应航行所需油物料。这些货物的申报包括两种贸易方式，分别是国轮油物料和保税仓库货物。下面我们作以简单介绍。

国轮油物料货物指中国籍国际航行的运输工具在境内添加的保税仓库进口仓储的油料、物料。此类货物适用于从保税仓库提取，供应航行国际航线的中国籍船舶、民用航空器等运输工具的进口燃料、物料及零配件等。

从设在非海关特殊监管区域的保税仓库提取，供应航行国际航线的外国籍船舶、飞机等运输工具的进口燃料、物料，贸易方式为“保税仓库货物”。

二、进出口的商品入出境维修

很多进出口的机械设备在合同中都设定了维修条款，一旦出现故障，就要退运回境外（内）进行修理，这种情况应该申报为进出境修理物品，这种贸易方式是指进境或出境维护修理的货物、物品。本贸易方式适用于各类进出境维修的货物，以及修理货物维修所用的原材料、零部件。

海关提醒 以下情况不适用本贸易方式：

（1）按加工贸易保税货物管理的进境维修业务。

（2）加工贸易进口料件和出口成品进出境维修，分别适用来料料件退换、来料成品退换、进料料件退换、进料成品退换。

案例 某公司进口的一台大型设备需要维修，但是维修该设备需要使用一种专用仪器，该公司使用修理物品这种贸易方式进口了这种专用仪器，在申报过程中关员发现了问题并予以纠正。

这种情况在海关通关过程中是比较常见的，修理物品这种贸易方式使用的对象应当是被修理的货物，以及维修所需要的原材料和零部件，维修所需要的工具贸易方式应申报为暂时进出口货物。

三、设备跨境租赁

租赁贸易也是近些年发展起来的一种贸易方式，从最初的简单机械设备到现在的飞机、轮船，租赁贸易已经成为为我国经济服务的一种必不可少的贸易形式，下面我们详细介绍一下租赁贸易的定义以及申报要点。

租赁贸易是指经营租赁业务的企业与外商签订国际租赁合同项下境内企业租赁进口或出租出口的货物。

租赁期在一年及以上的进出口货物，简称“租赁贸易”。

租赁期在一年及以上的进出口货物分期办理征税手续时，每期征税适用贸易方式“租赁征税”。

租赁期不满一年的进出口货物，贸易方式简称“租赁不满一年”。

海关提醒 以下情况不适用本贸易方式：

（1）经营租赁业务的企业进口自用的设备、办公用品，贸易方式为一般贸易。

(2) 加工贸易租赁进口的机器设备，贸易方式应为加工贸易设备。

(3) 补偿贸易租借进口的货物，贸易方式应为补偿贸易。

(4) 租赁贸易期满复运出（进）口的货物，贸易方式为退运货物，租赁不满一年期满复运出（进）境的货物，贸易方式为租赁不满一年。

四、购买免税品

我们在进出境的时候，在国际机场等口岸可以看到很多免税品店（Duty Free），也有很多人在免税品店购买了自己需要的商品，是不是所有人都可以在机场设立的免税店购买免税品呢？答案是否定的。免税品是指设在国际机场、港口、车站和过境口岸的免税品商店进口，按有关规定销售给办完出境手续的旅客的免税商品，供外国籍船员和我国远洋船员购买送货上船出售的免税商品，供外交人员购买的免税品，以及在我国际航机、国际班轮上向国际旅客出售的免税商品。这种货物要求在特定范围销售，同时只供应给特定人群。

(1) 销售范围：进出境口岸免税店、运输工具免税店、市内免税店、外交人员免税店和供船免税店五类免税店进口核定品种的免税品。

(2) 供应对象：办结出境手续的出境旅客、国际航行运输工具服务人员、外交人员。

海关提醒

以下情况不适用本贸易方式：

(1) 境内免税外汇商店销售给为出国人员、华侨的免税外汇商品，贸易方式为免税外汇商品。

(2) 经营免税品业务的单位进口的供维修使用的零部件、工具、展台、货架，贸易方式为一般贸易。

(3) 免税品退运出境，贸易方式为其他。

五、合资企业使用的设备及物品申报

在我国经济成分中，合资企业占有很大比重，在外资企业中大部分的设备、物品都是外方投资进口的，下面我们就这些设备进口的要点简单地介绍一下。

外商投资企业是指中外合资企业、中外合作企业、外商独资企业，包括华侨、港、澳、台同胞投资企业。

设备是指外商投资企业在其投资总额内进口本企业自用的机器设备、零部件和其他物料［指建厂（场）及安装、加固机器所需材料及生产用车辆］。

物品是指外商投资企业进口自用合理数量的办公用品（设备）和交通工具。

外商投资企业作为投资进口的设备、物品，是指外商投资企业投资总额内的资金（包括中方投资）进口的机器设备、零部件和其他建厂（场）物料，安装、加固机器所需材料，以及进口本企业自用合理数量的交通工具、生产用车辆、办公用品（设备）。

海关提醒

下列情况不适用本贸易方式：

（1）鼓励类和限制类外商投资企业、外商投资研究开发中心、先进技术型和产品出口型外商投资企业，以及符合中西部省、自治区、直辖市利用外资优势产业和优势项目目录的项目、企业自有资金（投资总额以外，具体是指企业储备基金、发展基金、折旧和税后利润），在原批准的生产经营范围内，对设备进行更新维修，进口国内不能生产或性能不能满足需要的自用设备及其配套的技术、配件、备件，贸易方式为一般贸易。

（2）外商投资企业经营来料加工、进料加工、租赁贸易等进口的设备、物品，分别适用不作价设备、加工贸易设备、租赁不满一年、租赁贸易。

（3）外国常驻机构进口自用合理数量的公用物品，贸易方式为常驻机构公用。

(4) 没有实际进出境，在境内结转的减免税设备，贸易方式为减免设备结转。

(5) 出口加工区外商投资企业进口设备、物品，贸易方式为出口加工区进口设备。

六、货物退运出境

在贸易实际中，经常会出现因为各种原因需要把原来进口的货物退运出去，为了减少损失，这类货物应该尽快申报。下面我们就这类货物的申报要点简要介绍一下。

退运货物是指原进出口货物因残损、短少、品质不良或者规格不符、延误交货或其他原因退运出、进境的货物。

本贸易方式适用以下贸易方式进出口货物退运出入境：一般贸易、易货贸易、旅游购物商品、租赁贸易、寄售代销、外商投资企业设备物品、外汇免税商品、货样广告品 A、货样广告品 B、其他进出口免费、承包工程进口、对外承包出口、无偿援助、捐赠物资、边境小额、对台小额、其他贸易。

海关提醒 以下货物不适用退运货物：

(1) 货物进境后、放行结关前退运的货物，贸易方式为直接退运。

(2) 加工贸易进出口货物退运，贸易方式为来料料件退换、进料料件退换、来料成品退换、进料成品退换。

(3) 加工贸易设备退运，贸易方式为加工设备退运。

(4) 租赁不满一年、免税品退运出境，贸易方式为其他。

(5) 出口加工区进口设备退运出境，贸易方式为区内设备退运。

(6) 进出口无代价抵偿货物，被更换的原进口货物退运出境，贸易方式为其他。

案例 某公司进口一批食品，货物到港后在进行检验检疫的过程中，该公司发现在承运的过程中集装箱由于被损坏而进水，食品已经变质，经与外商协商达成退货协议，该公司向海关申报退运。

这种情况应该向海关申报直接退运，根据海关总署第156号令，未办结海关手续的进口货物需退运，应申报直接退运，可以免除相关税费。

七、外国在中国的常驻机构

中国在国际经济中的地位吸引了很多国际一流公司在中国设立分支机构，作为外国常驻中国的商业机构，经常需要进口一些办公用设备，这些进口的设备我们称为常驻机构进出境公用物品。外国常驻机构进出境公用物品是指境外（地区）企业、新闻机构、经贸机构、文化团体及其他境外（地区）法人经我国政府主管部门批准，在境内设立的常驻代表机构为开展公务活动所需进出境的物品。包括常驻机构进境自用且数量合理的办公用机器设备、家具、文具、机动车辆等及复运出境的原进境的公用物品。

常驻机构主要有以下五种类型：

（1）外国企业和其他经济组织常驻机构；

（2）外国民间经济贸易团体常驻机构；

（3）外国常驻新闻机构；

（4）其他外国常驻机构；

（5）华侨、港澳同胞、台湾同胞经营的企业常驻机构。

八、参加国际展览

目前展会经济也成长为一种比较重要的经济模式，在我国经常会举办一些国际会议、展览和赛事，这些活动中使用的货物就是暂时进出境货物的一种。暂时进出境货物是指经海关批准，暂时进出关境并且在规定的期限内复运出境、进境的货物。这类货物在我们贸易实际中占有很大比例，主要依据是《中华人民共和国海关暂时进出境货物管理办法》（海关总署第157号令），这一类贸易方式包括以下货物：

（1）文化、体育交流活动中使用的表演、比赛用品；

（2）进行新闻报道或者摄制电影、电视节目使用的仪器、设备及用品；

（3）开展科研、教学、医疗活动使用的仪器、设备及用品；

（4）在第（1）~（3）项所列活动中使用的交通工具及特种车辆；

（5）货样；

（6）慈善活动使用的仪器、设备及用品；

（7）供安装、调试、检测、修现设备时使用的仪器及工具；

（8）盛装货物的容器；

（9）旅游用自驾交通工具及其用品；

（10）工程施工中使用的设备、仪器及其用品；

（11）海关批准的其他暂时进出境货物。

海关提醒 很多情况不适用本贸易方式，包括：

（1）进出境展览品，贸易方式为展览品。

（2）驻华商业机构不复运出口的进口陈列样品，贸易方式为陈列样品。

（3）对外承包工程出口物资，贸易方式为对外承包出口。

（4）进出境修理物品，贸易方式为修理物品。

（5）租赁贸易进出口货物，贸易方式为租期不满一年、租期一年及以上。

（6）企业使用旧钢瓶容器进口燃料、物料，按进口燃料、物料的贸易方式申报。

（7）从境外暂时进境的货物转入保税区、出口加工区等海关特殊监管区域和保税监管场所的，不属于复运出境。

（8）用于装载海关监管货物的进出境集装箱。

（9）享有外交特权和豁免的外国驻华机构或者人员暂时进出境物品。

案例 某公司进口了一辆越野车，将其放在该公司设在北京的4S店进行展示，进口时申报为展览品，理由是该车需要在4S店进行展览，海关对这种申报进行了纠正。这种以订货为目的进行的展示活动应该申报为暂时进出口（货样）。

九、进出口货样广告品

在国际贸易中，货样和广告品是一种比较常见的商品。进出口货样是指专供订货参考的进出口货物样品，广告品是指用以宣传有关商品的进出口广告宣传品。有进出口经营权的企业价购或价售进出口货样广告品，贸易方式简称货样广告品A。

没有进出口经营权的企业（单位）进出口及免费提供进出口的货样广告品，贸易方式代码简称货样广告品B。除以上货物外，还包括寄售代销贸易中外商免费提供的货样广告品。

十、更换原进（出）口产品

前面我们简单介绍了修理物品，但是，还有一种情况就是进口的设备在使用过中出现了不可修复的损坏，根据合同需要更换一台新产品，这种情况我们就要申报无代价抵偿进出口货物了。无代价抵偿货物是指进出口货物海关放行后，因残损、短少、品质不良或者规格不符等原因，由进出口货物的发货人、承运人或保险公司免费补偿或更换的与原货物相同或者与合同规定相符的货物。

海关提醒

下列情况不适用本贸易方式：

来料加工、进料加工贸易进口料件和出口成品因残损、短少、品质不良或者规格不符等原因，由进出口货物的发货人、承运人或保险公司免费补偿或更换的与原货物相同或者与合同规定相符的货物，分别适用具体列名的料件或成品退换的贸易方式。

另外，与无代价抵偿进出口货物相关的原进出口货物退运出、进境，贸易方式为其他。

案例 某公司进口的设备发生了损坏，经与外商协商免费更换，该公司申报将损坏设备退出，申报贸易方式为无代价抵偿，海关在申报过程中纠正了这种错误，与无代价抵偿进出口货物相关的原进出口货物退运出、进境，贸易方式为其他。

十一、外方免费赠送设备

很多情况下会有由外方免费提供的进出口货物，这类货物我们称为其他免费提供的进出口货物。其他免费提供货物指除已具体列名的礼品、无偿援助和赠送物资、捐赠物资、无代价抵偿进口货物、国外免费提供的货样、广告品等及归入列名贸易方式的免费提供货物以外，进出口其他免费提供的货物。包括：

（1）外商在经贸活动中赠送的物品；

（2）外国人捐赠品；

（3）驻外中资机构向国内单位赠送的物资；

（4）经贸活动中，由外商免费提供的试车材料、消耗性物品等。

海关提醒 其他免费提供的货物不包括以下货物：

（1）保税仓库中由外商免费提供进口的机械设备、手工工具、运输工具、办公用品等。

（2）免税店由外商免费提供进口的货架、柜台、手推车等。

（3）来料加工、进料加工贸易项下外商免费提供的机械设备。

（4）免费提供进出口的货样广告品。

（5）国家和国际组织无偿援助物资。

（6）捐赠物资。

（7）无代价抵偿进出口货物。

十二、国外承包工程施工机械的申报

我国在国外有很多承包的工程，这些工程的施工需要很多施工机械，这类货物我们就要申报为对外承包工程进出口物资。对外承包工程出口物资是指，经商务部批准的有对外承包工程经营权的公司为承包国外建设工程和开展劳务合作等对外合作项目而出口的设备、物资。

对外承包工程进口物资是指承包工程期间在国外获取的设备、物资，以及境外劳务合作项目对方以实物产品抵偿我劳务人员工资所进口的货物。

海关提醒

本贸易方式不包括我国劳务人员带出的自用生活物资、援外成套项目出口的货物，应根据无偿援助或贷款援助、边境地区有对外经济技术合作经营权的企业与毗邻国家边境地区开展承包工程和劳务合作项下出口的工程设备、物资（包括在外购买及换回的）和承包工程结束后复运进境原从国内运出的承包工程项下的设备、物资。

案例 某公司在国外承包了一项建设工程，公司为出境作业的劳务人员携带了很多方便面、药品和生活用品，并将这些用品申报了“对外承包工程”，海关在申报时纠正了这项错误。我国劳务人员带出的自用生活物品，贸易方式应为其他。

十三、我国援外救灾物资的出口申报

近些年，我国对很多发展中国家和发生重大灾害的国家提供了无偿援助和赠送的物资，这些物资就要申报为无偿援助，下面我们就简单介绍一下。

国家或国际组织无偿援助和赠送的物资是指我国根据两国政府间的协

议或临时决定，对外提供无偿援助的物资、捐赠品，或我国政府、组织基于友好关系向对方国家政府、组织赠送的物资，以及我国政府、组织接受国际组织、外国政府、组织无偿援助、捐赠或赠送的物资。外国政府是指外国国家的中央政府。国际组织是指联合国各专门机构，以及长期与我国有合作关系的其他国际组织。国际条约是指依据《中华人民共和国缔结条约程序法》以“中华人民共和国”、“中华人民共和国政府”及“中华人民共和国政府部门”的名义，同外国缔结协定或协议及参加的国际条约。

海关提醒 无偿援助物资不包括经济贸易往来关系赠送的物资和以扶贫、慈善、救灾为目的，向我国境内或向境外捐赠的直接用于扶贫、救灾、兴办公益福利事业的物资。

十四、国外同胞捐赠公益物资

进出口捐赠物资是指境外捐赠人以扶贫、慈善、救灾为目的，向我国境内捐赠的直接用于扶贫、救灾、兴办公益福利事业的物资，以及境内捐赠人以扶贫、慈善、救灾为目的，向境外捐赠的直接用于扶贫、救灾、兴办公益福利事业的物资。这种贸易方式中有几个关键词简要解释一下。

1. 捐赠人

（1）境外捐赠人，包括华侨，港、澳、台同胞，外籍人，包括法人。

（2）境内捐赠人，包括法人。

2. 扶贫、慈善公益性事业的物资

（1）新的衣服、被褥、鞋帽、帐篷、手套、睡袋、毛毯及其他维持基本生活的必需用品等。

（2）食品类及饮用品（调味品、水产品、水果、饮料、烟酒等除外）。

（3）医疗类，包括直接用于治疗特困患者疾病或贫困地区治疗地方病，以及基本医疗卫生、公共环境卫生所需的基本医疗药品、基本医疗器械、医疗书籍和资料。

（4）直接用于公共图书馆、公共博物馆、各类职业学校、高中、初中、小学、幼儿园教育的教学仪器、器材、图书、资料和一般学习用品。

（5）直接用于环境保护的专用仪器。

（6）经国务院批准的其他直接用于扶贫、慈善事业的物资。

3. 受赠人和使用人

受赠人是指国务院有关部门和各省、自治区、直辖市人民政府，以及从事人道救助和以发展扶贫、慈善事业为宗旨的全国性的社会团体。包括中国红十字会总会、全国妇女联合会、中国残疾人联合会、中华慈善总会、中国初级卫生保健基金会和宋庆龄基金会。

使用人（使用单位）是指捐赠物资的直接使用者或负责分配该捐赠物资的单位或个人。

海关提醒 同无偿援助一样，经贸往来中赠送的物品、外国人捐赠品、我驻外（包括驻港、澳）中资机构向国内单位赠送的物资等也不适用这种贸易方式。

案例 某公司为了加强与国外公司的合作，同时也是为了宣传自己的产品，无偿赠送给国外公司董事长一辆自己生产的汽车，并向海关申报进出口捐赠物资，海关在申报过程中纠正了错误。经济往来中赠送的物品贸易方式应为其他进出口免费提供货物。

十五、直接退运

前面介绍了退运这种贸易方式，但还有一种特殊的退运，就是直接退运。直接退运货物是指进口货物收发货人、原运输工具负责人或者其代理人（以下统称当事人）在有关货物进境后、办结海关放行手续前，因海关责令或有正当理由获准退运境外的货物。这类贸易方式适用范围如下：

（1）在货物进境后、办结海关放行手续前，有下列情形之一的，当事人可以向海关申请办理直接退运手续：

①因国家贸易管理政策调整，收货人无法提供相关证件的；

②属于错发、误卸或者溢卸货物，能够提供发货人或者承运人书面证明文书的；

③收发货人双方协商一致同意退运，能够提供双方同意退运的书面证明文书的；

④有关贸易发生纠纷，能够提供法院判决书、仲裁机构仲裁决定书或者无争议的有效货物所有权凭证的；

⑤货物残损或者国家检验检疫不合格，能够提供国家检验检疫部门根据收货人申请而出具的相关检验证明文书的。

（2）在货物进境后、办结海关放行手续前，有下列情形之一依法应当退运的，由海关责令当事人将进口货物直接退运境外：

①进口国家禁止进口的货物，经海关依法处理后的；

②违反国家检验检疫政策法规，经国家检验检疫部门处理并且出具“检验检疫处理通知书”或者其他证明文书后的；

③未经许可擅自进口属于限制进口的固体废物用做原料，经海关依法处理后的；

④违反国家有关法律、行政法规，应当责令直接退运的其他情形。

（3）保税区、出口加工区及其他海关特殊监管区域和保税监管场所进口货物的直接退运。

十六、海关处理货物

根据海关规定，对于海关处理货物需要按照规定进行拍卖等处理。什么样的货物才是海关处理货物呢？海关处理货物是指由海关提取变卖处理的超期未报关进口货物及误卸、溢卸货物、放弃进口货物，以及走私违规案件查处的货物。这类贸易方式包括以下货物：

（1）超期未报关货物，是指进口货物的收货人自运输工具申报进境之日起超过 3 个月未向海关申报，由海关提取依法变卖处理的进口货物。

超期未报关货物还包括保税货物、暂时进口货物超过规定的期限 3 个月，未向海关办理复运出境或者其他有关手续，以及过境、转运和通运货物超过规定的期限 3 个月，未运输出境，由海关提取依法变卖处理。

（2）误卸、溢卸货物，是指未列入进境运输工具载货清单、运单申报进境的误卸或者溢卸的货物，运输工具负责人或进口货物收货人未向海关办理退运出境或申报进口手续，由海关提取依法变卖处理的进口货物。

（3）放弃进口货物，是指进口货物的收货人或其所有人声明放弃，由海关提取依法变卖处理的进口货物。

（4）超期未报关进口货物及误卸或者溢卸进口货物属于危险品或者鲜活、易腐、易烂、易失效、易变质、易贬值等不宜长期保存的货物，海关根据实际情况，提前提取依法变卖处理。

（5）进出境物品所有人声明放弃的物品，在海关规定期限内未办理海关手续或者无人认领的物品，以及无法投递又无法退回的进境邮递物品，由海关提取依法变卖处理。

（6）走私违法案件予以没收，由海关依法变卖处理的货物。

十七、其他特殊贸易方式

前面介绍了很多种贸易方式，但是由于国际贸易实际错综复杂，这些仍然不能囊括所有贸易形式，针对无法适合所有上述列明的贸易方式的情况，我们还设定了两种贸易方式，分别是其他贸易货物和其他货物。它们的主要区别就是是否列入海关贸易统计。

（1）对于列入海关其他贸易统计的进出口货物，我们称之为其他贸易货物，包括：

①我国境内经批准临时进出口货物的机关、团体、学校、企事业单位等进出口货物、物品。

②外国驻华使、领馆在我国内购买货物出口。

③外商投资企业外方常驻人员和外国驻华机构的常驻人员，以及持有长期居留证件和来华定居的引进专家等进口自用汽车。

④进入厦门大嶝对台小额商品交易市场的人员带出台湾产品，每人每日价值人民币 1 000 元以下免征进口关税和进口环节税，超出部分照章征税，贸易方式为其他贸易。

⑤外国企业常驻我国办事机构进口不复运出境的陈列用企业产品

样品。

⑥未列入运输工具进口载货清单、提（运）单，或多于进口载货清单、提（运）单所列数量的货物，运输工具负责人或溢卸货物的收货人申请办理进口溢卸货物。

（2）对于不适用于其他贸易方式，同时不列入海关统计的货物，我们称这种贸易方式为其他，包括以下货物：

①转运和通运货物；

②供应国内外汇商店并收取外汇的我国出口商品；

③海关没收的走私物品；

④边民互市贸易进出境货物；

⑤国际交往中相互赠送的礼品；

⑥无法归入其他监管方式的进出境退换货物。

第七章　通关模式与措施

我们都知道，全国海关正在继续推进分类通关改革。可以说，当前全国大部分进出口报关单都会适用分类通关。您也许会好奇，分类通关到底是怎么回事？企业能否在分类通关方式之上，寻求海关给予进一步便利的通关措施呢？下面将重点介绍分类通关的主要作业情况，以及海关现行的主要便捷通关措施，您可以“对号入座”，相信总有一种适合自己。

第一节　分类通关

如果我所在的是一家普通中小微型进出口企业，未必有资格享受到海关推出的一些便捷通关措施，那么，我就完全没有机会快速通关了吗？其实，您大可不必为此担忧。全国海关正在如火如荼地推进分类通关改革，您完全有机会通过海关的这项改革，达到快速通关的目的。

小贴士　海关遵循守法便利的原则，为资信程度好的企业提供便捷通关模式。只要您是守法企业，就可以享受到海关的通关便利服务。

分类通关是差别化通关模式，适用所有进出口企业，这项通关模式以企业守法管理为核心，以风险分析为手段，对诚信守法企业的低风险报关单（货物）由计算机快速验放，提高通关效率，对高风险报关单（货物）实施重点审核和查验，加强实际监管的通关监管模式。此模式实现了有效监管与高效运作的统一，大大提高了口岸通关速度。目前，出口货物分类通关改革已经推广至全国海关，进口货物分类通关改革已在全国海关部分口岸开展。

分类通关作业是通过海关通关管理系统对报关单电子数据进行实时风险分析，实施红绿通道判别，对绿通道的报关单直接转现场处置，按风险高低分别实施“低风险快速放行”、“低风险单证审核”和“高风险重点审核”；对红通道的高风险报关单实施专业审单，根据专业审单结果，由海关接单现场实施上述三种作业方式。

一、分类通关的三种作业流程

（一）低风险快速放行

申报人向海关申报报关单电子数据；经风险分析或经专业审单确定为低风险或未知风险且符合快速放行条件的，海关系统自动放行；向监管场所和申报人发送海关放行信息。

小贴士 低风险快速放行是分类通关中最便捷的作业流程，通关手续由计算机以秒为单位自动办结。只要企业诚信守法，如实向海关申报，在货物不涉证不涉税的情况下，海关计算机系统给予低风险快速放行的可能性就会很大。

（二）低风险单证审核

申报人向海关申报报关单电子数据；经风险分析、专业审单确定为低风险或未知风险且符合需人工审核纸质单证条件的，海关系统向申报人发送现场交单回执；海关收取报关单证，按相关审核要求进行审核并征收税费、核注许可证件后直接完成验放作业。对审核过程中有疑问的，可退回企业修改或布控查验核实；向监管场所和申报人发送海关放行信息。

小贴士 低风险单证审核是分类通关中比较便捷的作业流程，但需要企业向海关递交纸质单证，海关审核后如没有疑问的，海关办理税费征税后，将直接办结放行手续，企业可迅速提货。

（三）高风险重点审核

申报人向海关申报报关单电子数据；海关系统完成电子审单后，经风险分析或经专业审单确定为高风险的，系统向申报人发送现场交单回执；海关收取报关单证，根据相关风险提示或专业审单审核结果进行重点审核。对审核有疑问的，进行布控查验；对审核无疑问的，征收税费、核注许可证件后完成验放作业；系统向监管场所和申报人发送海关放行信息。

小贴士 高风险重点审核是分类通关中管理措施最为严格的，若您的货物被列入此种作业模式，您也不必担心，只要您积极配合海关审核、查验，海关对没有疑问的货物仍会迅速办结通关手续。

海关提醒 守法才能便利，违法必受严惩！如实向海关申报，提高申报的准确性，是您享受低风险快速放行的重要前提。采取弄虚作假、伪报瞒报等手法，企图浑水摸鱼、蒙混过关的，必将受到海关的严厉处罚。

二、纸质报关单证的两种交单方式

海关实施分类通关后，您的纸质报关单证既可采取“事后交单”方式，也可采取“现场交单”方式，经海关批准，您可以选择方便的方式向海关递交单证。

（一）什么是“事后交单”方式

经海关审核准予适用“事后交单”通关方式的企业，采取“无纸报关”方式录入报关单向海关申报，经海关核准放行后，报关人无须现场交单，可在规定期限内向海关递交纸质报关单证。

请记住，只有海关管理类别 A 类及以上的进出口企业和代理报关企业，才可向注册地海关申请适用“事后交单”通关方式。经海关审核准予适用“事后交单”通关方式的进出口企业需要委托报关企业代理报关的，应当委托经海关审核准予适用“事后交单”通关方式的报关企业。A类及以上企业经注册地海关同意，并与海关、电子口岸签订协议书后，可在全国试点海关范围内适用“事后交单”通关方式。

海关提醒 涉及许可证件的进出口货物不适用“事后交单”通关方式。适用“事后交单”通关方式的企业应当自货物放行之日起10日内到海关办理交单验核等相关手续。

（二）什么是“现场交单”方式

这是常规性的交单方式，即企业按照《中华人民共和国海关进出口货物申报管理规定》（海关总署令第103号）要求，在货物放行前向海关递交纸质报关单证。这个方式适合未取得“事后交单”方式资格的企业使用。当然，对于拥有“事后交单”方式资格的企业，仍然可以采取“现场交单”的方式。

三、纸质报关单及随附单证暂存

一般情况下，企业申报时须向海关递交报关单证并由海关保管。在实施分类通关后，海关推出了“纸质报关单及随附单证暂存”措施，对A类及以上企业或代理报关企业不涉证、不涉税的进出口报关单证实行企业自行暂存或集中代存，进一步提高通关效率，帮助降低企业通关成本，颇受企业欢迎。

（一）单证暂存的基本模式

推行报关单证企业自行暂存或代理报关企业集中代存改革，海关充分尊重您的选择权和坚持企业自愿的原则，您可以在传统的海关保管、企业自行暂存、代理报关企业集中代存三种方式之间选择适合本企业情况的方式。符合条件的企业自愿参加企业自行暂存和代理报关企业集中代存改革的，经企业提出申请，由海关审核批准。

企业暂存报关单证分为自理报关企业“自行暂存”和代理报关企业“集中代存”两种类型。海关对自愿申请开展报关单证自行暂存的进出口货物收发货人和集中代存的报关企业进行审核评估，并对企业单证保管的硬件设施和单证管理制度进行实地验收。海关对单证暂存企业的报关单证管理状况进行检查，检查内容包括企业暂存单证保管库房的安全性、理单归档的及时性、纸质单证档案的完整性、所存单证内容与海关电子数据的一致性及相关管理制度的落实情况等。

小贴士 单证暂存给企业能带来什么好处呢？事实上，您如采取单证暂存，既方便自身调阅单证，也有利于加快通关速度、降低自己的通关成本。建议您综合评估后决定是否需要申请此项业务。

（二）申请单证暂存的准入门槛是什么

（1）试点海关范围内A类及以上类别进出口货物收发货人申请并经注册地海关认证和验收后，可自行暂存在注册地海关申报的报关单证。

（2）试点海关范围内A类及以上类别报关企业申请并经注册地海关认证和验收后，可暂存其代理的注册地在本关区（指企业注册地所在直属海关）范围内的，A类及以上类别进出口货物收发货人（须代理报关企业与被代理进出口货物收发货人签订代理协议），在报关企业主管地海关申报的报关单证。

海关提醒 企业应切实保障报关单证的存放安全，同时加强在报关单证使用中的制度管理，保证规范使用。

（三）海关对单证暂存企业的验收标准

海关对单证暂存企业的验收标准，具体包括：

（1）专用保管场所及设施：报关单证须有专门库房或封闭区域集中存

放，应装有防盗门和铁栅栏窗，配备灭火器具，符合防火、防盗、防鼠（虫）及防潮等要求。

（2）专用计算机管理：配备专用计算机，使用海关指定理单管理系统完成理单操作，建立报关单单证海关编号与档案号对应关系。在报关单证档案日常管理中应采用计算机技术，并妥善保管有关电子数据。

（3）专人管理：企业应指定专人负责报关单证的理单、归档、保管、接待查阅和安全防范工作。企业单证管理人员备案及其变更须经主管地海关单证管理部门批准并经培训后上岗。

（4）专项制度：企业应遵循“规范管理、方便使用、保证安全”的原则，制定企业内部适用的海关报关单证暂存管理规定，在企业暂存单证的理单、归档、调阅、移交、销毁等环节实施有效管理。相关管理规定须报主管地海关单证管理部门备案。

（四）可暂存的报关单证范围以及企业如何归档

（1）可暂存的报关单证包括不涉及许可证件，不涉及征税、减免税且无须查验的报关单及其随附单证。海关认为不适宜企业暂存的报关单证除外。

（2）以下报关单及其随附单证应列入企业暂存报关单证的归档范围：海关已接受申报并放行（货物放行）结关的，盖有申报单位印章的进出口货物报关单及各类海关特殊监管区域的进出境货物备案清单；报关单或备案清单的手写联；随附的合同、发票、装箱清单、载货清单（舱单）、提（运）单及其他运输单证的正本或复印件；代理报关委托书；海关根据有关规定需要企业暂存的其他有关单证。

海关提醒 暂存企业须有专门设施集中存放报关单证，应装有防盗门和铁栅栏窗，配备灭火器具，符合防火、防盗、防鼠（虫）及防潮等要求；暂存企业应指定专人负责报关单证的理单、归档、保管、接待查阅和安全防范工作，确保单证的完整性和安全性。单证一经入库，不得更换；企业单证管理人员须经主管地海关单证管理部门培训后上岗；企业暂存的报关单证应自办结完海关手续之日起保存5年。

暂存企业应在办结海关手续后7个工作日内完成理单，建立报关单证海关编号与档案号对应关系。理单时应使用海关指定的计算机管理系统。理单后的报关单证应以每册50份单证整理造册，册面上应注明年份、册号、理单号、保管期限，并打印“理单清单”一式三份，一份作为册内首页，一份单独整理装订保管，一份定期装订成册，报送主管地海关单证管理部门存档。主管地海关定期向单证暂存企业发送相关放行结关的报关单清单，企业对照实际存档单证检查归档单证的及时性和完整性，并在规定期限内向海关反馈。

海关提醒 海关会对企业暂存单证的及时性、完整性情况实施实地检查。对于年入库报关单量达1万份及以上的暂存企业，主管地海关每年对其单证管理状况进行检查；对于年入库报关单量未达1万份的暂存企业，主管地海关不定期地实施抽查。检查和抽查以实地为主，核查所存单证的完整性，与海关电子数据的一致性及相关管理制度的落实情况。

（五）企业暂存报关单证在何种情况下需要移交或销毁

（1）对于企业递交已放行结关的报关单电子数据更改或删除申请的，不论海关审批结果如何，原报关单证由企业暂存改为移交主管地海关，由海关重新理单存档。对于已移交主管地海关的暂存单证，企业在撤出原报关单证时，应在册内理单清单上作出备注说明。企业留存报关单证复印件和经海关审批的删改单申请复印件。

（2）如遇企业被停止开展单证暂存业务或者企业经营状况恶化等不适宜继续进行单证暂存的情况，需要批量移交企业暂存报关单证的，经主管地海关批准，企业暂存报关单证改为由海关保存，由主管地海关负责按照报关单证的管理年限进行专门保管。

（3）对已超过保存期限的报关单证，企业应填写“企业暂存报关单证销毁登记单”，向主管地海关单证管理部门提出申请，经海关批准，由企业送到当地保密局指定地点予以销毁。单独造册的“理单清单”和“企业暂存报关单证销毁登记单”应永久保存。销毁时，主管地海关单证管理部门和企业应派人共同监销，并在“企业暂存报关单证销毁登记单”上签字备案。

海关提醒 单证暂存企业如有遗失、伪造、变造单证或未经批准擅自对外调阅、复印、贩卖单证信息等行为，影响海关监管和进出口货物报关单证档案安全管理的，海关将依照《中华人民共和国海关稽查条例》、《中华人民共和国海关行政处罚实施条例》（以下简称《海关行政处罚实施条件》）、《中华人民共和国海关企业分类管理办法》调整其管理类别或予以行政处罚，并责令企业限期整改；情节严重的，停止企业单证暂存；构成犯罪的，依法追究刑事责任。

第二节　五种便捷通关措施

概括而言，全国海关推行的便捷通关措施主要包括以下 5 种，以适合不同企业的差异化需求。您如符合相应的“准入门槛”，就可以向海关申请使用对应的便捷通关措施。

一、提前申报、货到验放

也许您的进出口货物货期很紧，急需在口岸清关，那么您就可以选择这款便捷措施——提前申报、货到验放，让海关帮您在口岸快速通关。

口岸（主管）海关快速验放，就是指进出口货物收发货人或其代理人提前向海关申报（您可于进口货物起运后抵港前、出口货物运入海关监管场所前 3 日内提前向海关申报），海关提前办结除查验、放行以外的通关手续，待货物运抵后快速办理验放手续。如您选择这样通关，相信您的进出口货物在口岸的停留时间一定能比常规流程节省许多，帮您解决货期紧张的“燃眉之急”。

小贴士 即使办理通关的口岸海关和您所在的主管地海关并非同一海关，您大可放心，您依然可以比照享受到相同的便利。即您可向主管地海关提前申报，由口岸海关办理进口货物转关手续（出口货物核放手续），主管地海关办理提前集中审单、接单审核/征收税费手续，货物运抵后快速验放。

海关就是通过实施提前介入和加强前期及后续管理，拓展海关监管时空，科学调整通关作业流程，将海关监管手续前置或后移，最大限度地帮您减少货物在海关监管场所的滞留时间。

二、担保验放、便捷通关

如果我是一家高诚信企业，海关能否允许我在未办结通关手续的情况下，提前提货呢？海关的答应是肯定的，但前提也是明确的。目前，对于守法水平较高的企业，海关确实能提供担保验放的便捷通关措施。您如果符合准入门槛并事先经海关审批同意的话，在向海关申请担保验放后，海关会先验放货物，方便您提前提货，但您须在规定期限内向海关交单补充申报，缴纳税费并办理结关手续。

海关提醒 一定要记得在提货后及时向海关继续办结相关通关手续。如果您在10天内未到海关办理手续，海关会采取措施进行相应处置、保全国家税款，您也很可能会丧失今后继续享受这种便捷模式的机会。

办理流程包括：

（1）企业向海关申报并接收到“现场交单”信息后，可在打印报关单时选择“H2000担保验放清单打印”功能，打印“进（出）口货物担保验放清单”一式两份并加盖印章，凭以向海关申请办理验放手续。

“进（出）口货物担保验放清单”格式与报关单相同，右上角印有“担保验放”字样。

（2）企业将“进（出）口货物担保验放清单”交现场海关接单关员优先验核。接单关员审核后签章、批注日期后转验放环节后办理担保验放手续。

涉及进出口许可证件管理的商品，企业应同时交验纸质许可证件，企业无法提供的，不允许进行担保放行。

（3）验放关员验放货物后，在“进（出）口货物担保验放清单”上签章、批注日期，将一份交接单环节收存存档，另一份交还企业作为正式向海关递交纸质报关单的随附单证。

在验放环节，经办关员可根据系统提示及风险分析结果、查验指令等实施查验。

（4）企业凭“进（出）口货物担保验放清单”提取、发送货物后，应在海关发出“现场交单”信息后15日内打印正式报关单，连同“进（出）口货物担保验放清单”及随附单证一并向海关补办完成接单复核、税费缴纳等手续。

（5）对担保验放后的货物，企业持正式报关单及加注签章的“进（出）口货物担保验放清单”向海关补办接单审核、税费缴纳手续时，海关一般不再进行查验布控，但必要时可要求企业补充提供有关单证或信息。

海关提醒　（1）担保验放后的报关单电子数据非经批准不得删除。

（2）适用担保验放的货物如果同时适用提前报关措施，有关货物必须在舱单核销后才能办理放行手续。

（3）不得办理担保的情况包括：进出口废旧物品、濒危物种、有毒化学品、易制毒化学品、化学武器前体、监控化学品、金银、文物、中西药品、食品、体育及狩猎用枪支弹药和民用爆破器材、无线电器材、保密机等受国家有关规定管理的进出口货物，不能向海关交验有关主管部门批准文件或证明的；其他国家法律、法规规定不得接受担保的。

三、属地申报、口岸验放

海关有没有方便企业的通关措施呢？答案是肯定的。目前，海关对守法水平较高的企业，实行跨关区的通关方式，允许企业在属地海关办理申报、纳税手续，由口岸海关直接办理进出口货物的验放手续，无须按转关运输实施监管。事实上，“属地申报、口岸验放”是区域通关最便捷的措施。这个措施是以企业守法管理为核心、以守法便利为导向，海关主动打破关区界限，实现物畅其流，是适应我国区域经济一体化新发展趋势的重要举措，努力为企业创造一个守法便利、统一规范、快捷高效、共同发展的经济环境。

海关提醒 (1) 属地申报、口岸验放，适用于海关管理A类或以上的企业；(2) 对因海关规定或国家进出口许可证件管理，须在属地或口岸进行申报并办理验放手续的进出口货物，暂不适用于属地申报、口岸验放的通关措施。进出口许可证件不包括入（出）境货物通关单。

办理流程是：

（一）进口方面

（1）运输工具进境前（时），在海关规定的时间内，运输工具负责人或其代理人向口岸海关传输进口舱单电子数据。

（2）进口货物的收货人或其代理人在口岸海关接受进口舱单数据申报后（海关另有规定的除外），即可选择属地申报、口岸验放方式，录入“进口货物报关单”电子数据，向属地海关进行申报。

（3）报关单电子数据经海关审结后，报关人在属地海关接单点递交纸质报关单证，并办理有关税费手续。

（4）报关人向口岸海关办理进口货物的查验、放行手续，海关对进出口货物进行风险分析后确定货物是否需要查验，不需要查验的货物直接予以放行。

（二）出口方面

（1）出口货物的发货人或其代理人在取得出口口岸订舱数据后（海关另有规定的除外），即可选择属地申报、口岸验放的方式，录入“出口货物报关单”电子数据向属地海关进行申报。

（2）报关单电子数据经海关审结后，报关人在属地海关接单点递交纸质报关单证，并办理有关税费手续。

（3）报关人向口岸海关办理出口货物的查验、放行手续，海关对进出口货物进行风险分析后确定货物是否需要查验，不需要查验的货物直接予以放行。

（三）交单规定

（1）属地海关接单点负责验核纸质报关单、合同、发票、装箱单、许可证件、原产地证明等报关单证。

（2）对在口岸才能办理的报关单证（如进口通关单等），报关人可以在口岸海关办理查验与实货放行手续时才向海关交验。

案例一 我是广东省揭阳市一家企业，海关管理类别A类，近期有一批货物准备出口，客户希望能在福建省厦门市装船发货，不知采用哪种通关措施更加便捷？这里，向您推荐使用属地申报、口岸验放进行通关，它的优势在于：在向揭阳海关通关部门申报后，货物不必进入揭阳海关监管场所办理验放，不必办理转关手续，不必使用海关监管车辆，申报货物还可以一票多柜，直接发货到厦门口岸海关，由其办理验放手续。采用这种方式，您可以节约集装箱相关费用，既降低通关成本，节省通关时间，又方便您灵活安排物流运输，相信您一定会充分感受到“更省时、更省事、更省钱”的便利。

案例二 我司近期通过属地申报、口岸验放方式准备出口一批货物，属地海关已接单交单、口岸海关已放行，货柜已停放在口岸码头待装船。

这时候，公司发现该批货物存在品质严重不良，必须退回公司检修。不知如何办理“退运（关）”，通过向当地海关咨询，得知可采取如下方法解决：出口货物在运抵口岸海关监管场所后，发生退关的，可由发货人或其代理人向属地海关通关部门申请，提请属地海关通关部门审核无误后，出具出口退关证明（注明报关单、手册等删改情况），交发货人提交口岸海关办理退关手续。

四、广东陆路口岸跨境快速通关

广东毗邻港澳，粤港澳贸易非常活跃。企业希望陆运货物能在粤港澳之间快速流动、便捷通关的意愿非常强烈。如您也有这方面的需求，那么您可以选择海关总署与香港海关联手推出的、适用于广东陆路口岸的“粤港澳跨境快速通关”方式。其基本流程如下。

（一）进口流程

承运人通过中国电子口岸录入“载货清单”电子数据，提前向进境地和指运地海关申报。在车辆起运前由境外海关启动电子关锁和GPS，未能实行由境外海关启动电子关锁和GPS的，由进境地海关在卡口启动；车辆驶入进境地海关卡口通道，卡口系统自动进行电子地磅称重，验核电子关锁、GPS等，比对重量。车辆在抵达指运地海关卡口通道时，海关对“载货清单”电子数据、“进口货物报关单”电子数据、进境地海关联网传输的地磅数据和卡口采集数据进行对比，检查电子关锁和GPS的途中监控信息，并办结通关手续。

（二）出口流程

承运人提前申报“载货清单”电子数据，属地海关接受申报；企业向起运地海关申报出口货物报关单电子数据，海关办理集中审单、接单审核/征收税费等手续，核注“载货清单”；货物运抵海关监管场所，卡口系统自动进行电子地磅称重，并将“载货清单”和“出口货物报关单”申报重量与地磅称重进行比对；车辆在起运前，起运地海关启动电子关锁和GPS；车辆驶入出境地海关卡口通道，卡口系统自动进行电子地磅称重，检查电子关锁和GPS的途中监控信息，对“载货清单”数据、“出口货物报关单”数据、起运地海关联网传输的地磅数据和卡口采集数据实行对比；情况正常的自动核销“载货清单”，并向起运地海关发送核销回执。

小贴士 粤港澳跨境快速通关方式以“载货清单”电子数据提前申报为前提，结合经营人自管机制，指定运输路线，应用电子关锁和GPS进行途中监控，实现了货运转关车辆不用在口岸海关办理人工手续，跨境快速分流的目标。通过实施粤港快速通关可实现从事两地运输车辆不停车完成口岸申报，大大节约了企业的运输成本和通关时间。

五、通关无纸化

目前，海关通关过程中，往往需要企业提供必要的纸质单证。您也许会问，在信息化不断发展的今天，海关能否适时取消纸质单证呢？事实上，海关已在探索实现了。自2012年8月起，海关在北京（空运进口业务）、天津（海运进口业务）、上海（海运进出口业务）、南京（特殊监管区域进出口业务）、宁波和杭州（转关进出口业务）、福州（对台贸易进出口业务）、青岛（海运出口业务）、广州（空运出口业务）、深圳（陆运口岸出口业务）、拱北（陆运口岸进口业务）、黄埔（陆运转关进出口业务）启动了通关作业无纸化试点。

通关作业无纸化是指海关以企业分类管理和风险分析为基础，按照风险等级对进出口货物实施分类，运用信息化技术改变海关验核进出口企业递交纸质报关单及随附单证办理通关手续的做法，直接对企业通过中国电子口岸录入申报的报关单及随附单证的电子数据进行无纸审核、验放处理的通关作业方式。如您是在上述地区开展相应进出口业务的AA类或A类企业，如您有兴趣加入试点，请向上述海关提出申请。试点企业经报关所在地直属海关审核同意，在与报关所在地直属海关、第三方认证机构（中国电子口岸数据中心）签订电子数据应用协议后，可在该海关范围内适用

“通关作业无纸化”通关方式。

经海关审核准予适用“通关作业无纸化”通关方式的进出口企业需要委托报关企业代理报关的，应当委托经海关审核准予适用“通关作业无纸化”通关方式的报关企业。经海关批准的试点企业可以自行选择有纸作业方式或“通关作业无纸化”作业方式。选择“通关作业无纸化”的企业在货物申报时，应在电子口岸录入端选择“通关无纸化”方式。

经海关批准的试点企业选择“通关作业无纸化”方式申报的，应在货物申报时向海关同时发送报关单和随附单证电子数据。若经营单位为AA类企业但不符合单证暂存条件的或者A类企业经海关审核同意的，可在海关放行之日起10日内向海关发送随附单证电子数据。若经营单位为AA类企业且符合单证暂存条件的，不需发送随附单证电子数据，企业应根据海关规定自行保管相关单证。

海关提醒 涉及许可证件［不包括“入（出）境货物通关单”］的进出口货物暂不适用“通关作业无纸化”作业方式。涉及税费但未选择电子支付的进出口货物暂不适用“通关作业无纸化”作业方式。采用“通关作业无纸化”作业方式的报关单如需修改/撤销的，企业可通过中国电子口岸“报关申报”系统“报关单修/撤单功能”提交申请。

在以上便捷通关措施之外，海关还出台了一些量身定做式的通关方式。例如，对符合条件的从事加工贸易的大型高新技术生产企业，可实行联网监管、免设台账、简化审批手续等便捷措施。对于资信度高、规模较大的高新技术生产企业，海关甚至还可从企业实际出发，量身定做，提供最大限度的通关便利。

看到这里，相信您对海关的便捷通关措施已经有了一定的了解。也许您还会有这样的疑问：如果货期特别紧张，需要在非正常上班时间办理通关手续，怎么办？请您放心，全国海关在可能的情况下，都会尽量为您提供24小时预约通关、加急通关等服务，只要您事先向海关提交申请，海关会尽量满足您的需求，安排工作人员在您预约的时间段为您办理相关手续。此外，一些海关还实行了“5 +2”工作制度，每周 7 天全天候为企业提供通关服务。

海关提醒 一定不要滥用海关提供的服务措施！您必须在确有需要的前提下，才能向海关提出预约通关的申请。如在提出申请并获海关批准后，由于种种原因，您已不再需要在预约的时间内办理通关手续，那么请您一定要第一时间告知海关，以免海关工作人员“空等一场”。

运输工具篇

第八章　进出境运输工具

船要进港了，飞机要落地了，车要通过卡口了，怎么办？如何向海关申报？海关管什么，怎么管？下面就为您介绍一些海关对进出境运输工具的监管要求，便于您提前做好备案、申报等各项准备工作。

第一节　了解进出境运输工具

进出境运输工具是指用于载运人员、货物、物品进出境的各种船舶、航空器、铁路列车、公路车辆和驮畜。也就是说，凡是载运人、货、物出入中国关境的各种船舶、车辆、航空器和驮畜，均属于海关的监管范围。

小贴士 国境和关境的区别：关境也称“税境”、“海关境域”、“关税境域”或“关税领域”，指一国海关法可以全面实施的领域。一般而言，一国的关境与其国境（包括领陆、领水、领空）的范围是一致的，关境即国境。但是，也有一些国家和地区的关境与国境不一致。在设有自由区、自由港、保税区的国家，这些自由区、自由港及保税区不属于该国的关境范围，这部分地区被称为“关境以外的本国领土”，此时，关境小于国境；相反，在缔结关税同盟的国家之间，相互不征收进出境货物的关税，关境包括了几个缔约国的领土，所包括的这一地区被称为“关境以内的外国领土”，关境则大于国境。有关关境的法律条文一般在各国的海关法中予以载明。我国的关境小于国境。进出境运输工具是指用于载运人员、货物、物品进出境的各种船舶、航空器、铁路列车、公路车辆和驮畜。也就是说，凡是载运人、货、物出入中国关境的各种船舶、车辆、航空器和驮畜，均属于海关的监管范围。

一、海关为什么监管进出境运输工具

海关监管进出境运输工具：一是维护国家的主权和利益；二是贯彻国家对外的贸易政策；三是方便进出口，促进国际交流；四是保障进出境运输工具负责人和进出境运输工具服务企业的合法权益。

按照《海关法》的规定，海关对进出境运输工具的检查，可以行使以下权力：

（1）检查进出境运输工具，对违反海关法或者其他有关法律、行政法规的，可以扣留。

（2）查阅进出境人员的证件，查问违反海关法或者其他有关法律、行政法规的嫌疑人，调查其违法行为。

（3）查阅、复制与进出境运输工具、货物、物品有关的合同、发票、账册、单据、记录、文件、业务函电、录音录像制品和其他资料；对其中与违反海关法或者其他有关法律、行政法规的进出境运输工具、货物、物品有牵连的，可以扣留。

（4）在海关监管区和海关附近沿海沿边规定地区，检查有走私嫌疑的运输工具和有藏匿走私货物、物品嫌疑的场所，检查走私嫌疑人的身体；对有走私嫌疑的运输工具、货物、物品和走私犯罪嫌疑人，经直属海关关长或者其授权的隶属海关关长批准，可以扣留；对走私犯罪嫌疑人，扣留时间不超过24小时，在特殊情况下可以延长至48小时。

小贴士 在海关监管区和海关附近沿海沿边规定地区以外，海关在调查走私案件时，对有走私嫌疑的运输工具和除公民住处以外的有藏匿走私货物、物品嫌疑的场所，经直属海关关长或者其授权的隶属海关关长批准，可以进行检查，有关当事人应当到场；当事人未到场的，在有见证人在场的情况下，可以径行检查；对其中有证据证明有走私嫌疑的运输工具、货物、物品，可以扣留。

（5）进出境运输工具或者个人违抗海关监管逃逸的，海关可以连续追至海关监管区和海关附近沿海沿边规定地区以外，将其带回处理。

二、配合海关监管的注意事项

（1）进出境运输工具应当通过设立海关的地点进境或者出境，在海关监管场所停靠、装卸货物、物品和上下人员（经国务院或者国务院授权机关批准的除外）。

（2）如果遭遇不可抗力的原因，进出境运输工具被迫在未设立海关的地点或者在非海关监管场所停靠、降落或者抛掷、起卸货物、物品以及上下人员的，应当立即报告附近海关。

（3）进境运输工具在进境以后向海关申报以前，出境运输工具在办结海关手续以后出境以前，应当按照交通运输主管机关规定的路线行进。交通运输主管机关没有规定的，由海关指定。进境运输工具在进境申报以后出境以前，应当按照海关认可的路线行进。

（4）进出境运输工具到达或者驶离设立海关的地点时，应当用电子数据和纸质申报单形式向海关申报。

（5）进境的境外运输工具和出境的境内运输工具，未向海关办理手续并缴纳关税，不能转让或者移作他用。

（6）运输工具作为货物以租赁或其他贸易方式进出口的，除了需要办理进出境运输工具进境或者出境手续外，还应当办理进出境运输工具进出口报关手续。

第二节　办理运输工具进出境的手续

监管程序是指海关对进出境运输工具监管的工作步骤和次序，主要包括三个阶段：海关前期管理——备案管理、海关现场管理——运输工具管理、海关后续管理（略）。

一、海关前期管理——备案管理

（一）需要备案的对象

（1）运输工具；

（2）运输工具负责人；

（3）为进出境船舶、航空器供给燃料、物料生活用品等供应服务的或接收、处理运输工具产生的废弃物品的单位（以下统称“运输工具服务企业”）。

小贴士 来往、港澳的小型船舶和货运车辆，海关另有规定办理。

（二）海关接受备案的部门

直属海关或者经直属海关授权的隶属海关，接受进出境运输工具、进出境运输工具负责人和进出境运输工具服务企业的备案申请。

（三）备案所需的材料

（1）运输工具备案：“运输工具备案表”及“运输工具备案表”随附单证栏中列明的材料；

（2）运输工具负责人备案：“运输工具负责人备案表”及“运输工具负责人备案表”随附单证栏中列明的材料；

（3）运输工具服务企业备案：“运输工具服务企业备案表”、“运输工具服务企业备案表”随附单证栏中列明的材料、工商营业执照（复印件）、从业资格批准文件、海关需要的其他单证。

小贴士 记得带上所有复印件的原件，供海关验核。

海关提醒 （1）在海关备案的有关内容如果发生改变的，运输工具负责人、运输工具服务企业应当持书面申请和有关文件到海关办理备案变更。

(2) 备案的运输工具负责人、运输工具服务企业主动申请撤销备案或海关依法应当撤销备案的，海关予以撤销备案。

二、海关现场管理——运输工具管理

(一) 入境手续的程序和步骤

(1) 进境运输工具负责人应当在规定时限将运输工具预计抵达境内目的港和预计抵达时间以电子数据形式通知海关。因客观条件限制，经海关批准，公路车辆负责人可以采用电话、传真等方式通知海关。

(2) 进境运输工具抵达设立海关的地点以前，运输工具负责人应当将进境时间、抵达目的港时间和停靠位置通知海关。

(3) 进境运输工具抵达设立海关的地点时，运输工具负责人应当按不同运输方式向海关申报，分别提交“中华人民共和国海关船舶进境（港）申报单”、“中华人民共和国海关航空器进境（港）申报单”“中华人民共和国海关铁路列车进境申报单”“中华人民共和国海关公路车辆进境（港）申报单”以及上述申报单中列明应当交验的其他单证。

小贴士 进境运输工具负责人也可以在运输工具进境前提前向海关办理申报手续。

海关提醒 进境运输工具在向海关申报以前，未经海关同意，不得装卸货物、物品，除引航员、口岸检察机关工作人员外不得上下人员。

(二) 停留期间的注意事项

(1) 进出境运输工具到达设立海关的地点时，应当接受海关监管和检查。海关检查进出境运输工具时，运输工具负责人应当到场，并根据海关的要求开启舱室、房间、车门；有走私嫌疑的，应当开拆可能藏匿走私货物、物品的部位，搬移货物、物料。

海关提醒 ①海关认为必要时，可以要求进出境运输工具工作人员进行集中，配合海关实施检查。

②海关认为必要的，可以派员对进出境运输工具值守，进出境运输工具负责人应当为海关人员提供方便。海关派员对进出境运输工具值守的，进出境运输工具装卸货物、物品以及上下人员应当征得值守海关人员同意。

（2）进出境运输工具负责人应当在进出境运输工具装卸货物 1 小时以前通知海关；航程或者路程不足 1 小时的，可以在装卸货物以前通知海关。

（3）进出境运输工具装卸货物、物品完毕后，进出境运输工具负责人应当向海关递交反映实际装卸情况的交接单据和记录。

（4）进出境运输工具在海关监管场所停靠期间更换停靠地点的，进出境运输工具负责人应当事先通知海关。

（三）境内续驶手续办理

（1）进出境运输工具在境内从一个设立海关的地点驶往另一个设立海关的地点的，进出境运输工具负责人应当按照海关出境监管的相关规定办理驶离手续。

小贴士 进出境运输工具在境内从一个设立海关的地点驶往另一个设立海关的地点的，当驶离地海关办结海关手续时，记得要拿上关封，并妥善保管，提交目的地海关。

海关提醒 ①未经驶离地海关同意，进出境运输工具不得改驶其他目的地；

②未办结海关手续的，不得改驶境外。

（2）进出境运输工具在境内从一个设立海关的地点并驶往另一个设立海关的地点抵达目的地以后，应当按照海关进境监管的有关规定办理抵达手续。

（四）出境手续的程序和步骤

（1）出境运输工具离开设立海关的地点驶往境外的 2 小时以前，运输工具负责人应当将驶离时间以电子数据形式通知海关。对临时出境的运输工具，运输工具负责人可以在其驶离设立海关的地点以前将驶离时间通知海关。

（2）运输工具出境时，运输工具负责人应当按不同运输方式向海关申报，分别提交“中华人民共和国海关船舶出境（港）申报单”、“中华人民共和国海关航空器出境（港）申报单”、“中华人民共和国海关铁路列车出境申报单”、“中华人民共和国海关公路车辆出境（港）申报单”，以及上述申报单中列明应当交验的其他单证。

（3）出境运输工具负责人在货物、物品装载完毕或者旅客全部登机（船、车）以后，应当向海关提交结关申请。

小贴士 海关一旦制发了“结关通知书”，非经海关同意，出境运输工具不得装卸货物、上下旅客。

（4）进出境运输工具在办结海关出境或者续驶手续后的 24 小时未能驶离的，运输工具负责人应当重新办理有关手续。

（五）物料添加、调拨、起卸等办理程序

（1）进出境运输工具需要添加、起卸物料的，物料添加单位或者接受物料起卸单位应当向海关申报，并提交以下单证：

①中华人民共和国海关运输工具起卸/添加物料申报单；

②添加、起卸物料明细单；

③海关认为必要的其他单证。

海关提醒 经运输工具负责人申请，海关核准后，进出境运输工具可以添加、起卸、调拨下列物料：

①保障进出境运输工具行驶、航行的轻油、重油等燃料；

②供应进出境运输工具工作人员和旅客的日常生活用品、食品；

③保障进出境运输工具及所载货物运输安全的备件、垫舱物料和加固、苫盖用的绳索、篷布、苫网等；

④海关核准的其他物品。

（2）进出境运输工具之间调拨物料的，接受物料的进出境运输工具负责人应当在物料调拨完毕后向海关提交“运输工具物料调拨清单”。

（3）进出境运输工具添加、起卸、调拨的物料，运输工具负责人免予提交许可证件，海关予以免税放行；添加、起卸国家限制进出境或者涉及国计民生的物料超出自用合理数量范围的，应当按照进出口货物的有关规定办理海关手续。

海关提醒 除下列情况外，进出境运输工具使用过的废弃物料应当复运出境：

1）运输工具负责人声明废弃的物料属于《自动进口类可用作原料的废物目录》和《限制进口类可用作原料的废物目录》列明，且接收单位已经办理进口手续的。

2）不属于《自动进口类可用作原料的废物目录》和《限制进口类可用作原料废物目录》目录范围内的供应物料，以及进出境运输工具产生的清舱污油水、垃圾等，且运输工具负责人或者接受单位能够自卸下进出境运输工具之日起30天内依法作无害化处理的。

3）经海关核准，同时符合下列条件的扫舱地脚，可以免税放行；涉及许可证件管理的，进出境运输工具负责人免予提交许可证件：

①进口货物为散装货物；

②进口货物的收货人确认运输工具已经卸空；

③数量不足1吨，且不足进口货物重量的0.1%。

三、海关后续管理

在这里，主要为您介绍一些与进出境运输工具、人员及旅客有关的海关管理规定。

（1）有下列行为之一的，海关将给予警告并处物品价值20%以下的罚款。如有违法所得，海关将予以没收。

①未经海关许可，擅自将海关尚未放行的进出境物品开拆、交付、投递、转移或者进行其他处置的。

②个人运输、携带、邮寄超过合理数量的自用物品进出境未向海关申报的。

③个人运输、携带、邮寄超过规定数量但仍属自用的国家限制进出境物品进出境，未向海关申报但没有以藏匿、伪装等方式逃避海关监管的。

④个人运输、携带、邮寄物品进出境，申报不实的。

⑤经海关登记准予暂时免税进境或者暂时免税出境的物品，未按照规定复带出境或者复带进境的。

⑥未经海关批准，过境人员将其所带物品留在境内的。

（2）运输、携带、邮寄国家禁止进出境的物品进出境，未向海关申报但没有以藏匿、伪装等方式逃避海关监管的，海关将予以没收，或者责令退回，或者在海关监管下予以销毁或者进行技术处理。

（3）有下列行为之一的，海关将给予警告并处10万元以下罚款。如有违法所得，海关将予以没收。

①运输工具不经设立海关的地点进出境的。

②在海关监管区停留的进出境运输工具，未经海关同意擅自驶离的。

③进出境运输工具从一个设立海关的地点驶往另一个设立海关的地点，尚未办结海关手续又未经海关批准，中途改驶境外或者境内未设立海关的地点的。

④进出境运输工具到达或者驶离设立海关的地点，未按照规定向海关

申报、交验有关单证或者交验的单证不真实的。

（4）有下列行为之一的，海关将给予警告并处 5 万元以下罚款。如有违法所得，海关将予以没收。

①未经海关同意，进出境运输工具擅自装卸进出境货物、物品或者上下进出境旅客的。

②未经海关同意，进出境运输工具擅自兼营境内客货运输或者用于进出境运输以外的其他用途的。

③未按照规定办理海关手续，进出境运输工具擅自改营境内运输的。

④进境运输工具在进境以后向海关申报以前，出境运输工具在办结海关手续以后出境以前，不按照交通主管部门或者海关指定的路线行进的。

⑤载运海关监管货物的船舶、汽车不按照海关指定的路线行进的。

⑥进出境船舶和航空器，由于不可抗力被迫在未设立海关的地点停泊、降落或者在境内抛掷、起卸货物、物品，无正当理由不向附近海关报告的。

⑦无特殊原因，未将进出境船舶、火车、航空器到达的时间、停留的地点或者更换的时间、地点事先通知海关的。

⑧不按照规定接受海关对进出境运输工具、货物、物品进行检查、查验的。

（5）擅自开启或者损毁海关封志的，海关将给予警告并处 3 万元以下罚款。

第三节　国际航行船舶

国际航行船舶，是指进出我国关境在国际间运营的境内船舶和境外船舶。

境内船舶，主要包括：在我国（除我国台湾、香港、澳门地区外）注册登记的从事国际间运营的中国籍船舶、我国经营国际运输兼营国内运输的船舶和我国经营国内运输兼营国际运输的船舶、进出境的“科学考察船”“远洋渔船”“石油勘探专用船”“海上钻井平台”“专业公务船”等船舶。

小贴士 国际航行船舶不包括：来往我国香港、澳门的小型船舶，内销远洋船舶，供拆解的废、旧船舶。境外船舶，主要包括：在中华人民共和国港口行驶的外国籍船舶以及在我国台湾、香港或澳门地区注册登记的船舶。

一、国际航行船舶进境申报所需的海关单证

（1）中华人民共和国海关船舶进境（港）申报单（1 份）
（2）总申报单（1 份）
（3）货物申报单（随附载货清单）（2 份）
（4）船舶物品申报单（1 份）
（5）船员物品申报单（1 份）
（6）船员名单（1 份）
（7）旅客名单（无旅客免交）
（8）海关监管簿（境外船舶免交）

小贴士 船舶到港时，不能递交货物申报单怎么办？别急，您可以向海关出具保证函，只要海关同意，可先行卸货。但记得要在卸货后 24 小时以内将齐全的纸质货物申报单补交给海关。

二、国际航行船舶出境申报所需的海关单证

（1）中华人民共和国海关船舶出境（港）申报单（1 份）
（2）总申报单（1 份）
（3）货物申报单（随附载货清单）（2 份）
（4）船员名单（无变更时免交）

（5）旅客名单（无旅客免交，无变更时免交）

（6）海关监管簿（境外船舶免交）

（7）船舶出口岸手续联系单

小贴士 船舶离港时，不能递交货物申报单怎么办？由船舶负责人向海关递交书面保函，经海关同意，在船舶开航后24小时以内将齐全的纸质货物申报单递交海关。

三、应注意的三个时间点

（1）集装箱船舶装船的24小时以前，非集装箱船舶抵达境内第一目的港的24小时以前，船舶负责人应当将船舶预计抵达境内目的港的时间通知海关。

（2）因特殊情况，船舶负责人在船舶进境前未办妥进境手续的，应当在船舶进境的24小时内（停泊时间不足24小时的，在驶离口岸6小时前）办理船舶进境手续。

（3）船舶进境时间的确定：船舶进境后直接驶达锚地的，抵达锚地时间为进境时间；直接靠泊的，靠泊时间为进境时间。

四、办理船舶吨税执照

船舶吨税是一种使用税，是对自中华人民共和国境外港口进入境内港口的船舶在我国港口行驶，使用了我国的港口及其助航设备而征收的税。在国外，有的国家以灯塔税的名义征收船舶吨税。

海关提醒 按照《中华人民共和国船舶吨税暂行条例》的规定，自中华人民共和国境外港口进入境内港口的船舶（以下称应税船舶），应当缴纳船舶吨税（以下简称吨税）。

（一）如何购买吨税

应税船舶在进入港口办理入境手续时，应当向海关申报纳税领取吨税执照，或者交验吨税执照。应税船舶在离开港口办理出境手续时，应当交验吨税执照。应税船舶负责人申领吨税执照时，应当向海关提供下列材料：

（1）船舶国籍证书或者海事部门签发的船舶国籍证书收存证明；

（2）船舶吨位证明，应税船舶为拖船的，提供功率证书。

（二）吨税分几类

船舶吨税分为一年期缴纳、90 天期缴纳、30 天期缴纳三种。缴纳期限由纳税人自行选报。应税船舶在吨税执照期满后尚未离开港口的，应当申领新的吨税执照，自上一次执照期满的次日起续缴吨税。

（三）吨税如何计算

（1）吨税纳税义务发生时间为应税船舶进境之日。

（2）船舶吨税按船舶吨位证明中净吨位计征。

（3）计税公式为：吨税 = 净吨位 × 税率（元/净吨）

（4）对申报为拖船的，应按照发动机功率每 1 千瓦折合净吨位 0.67 吨进行折算。

（四）税率有几种

船舶吨税分为优惠税率和普通税率两种。凡与中华人民共和国签订互惠协议的国家或地区适用船舶吨税优惠税率，未签订互惠协议的适用船舶吨税普通税率。我国香港、澳门、台湾籍船舶适用船舶吨税优惠税率。

海关提醒 适用船舶吨税优惠税率的国家和地区名单有：芬兰、瑞典、丹麦、也门、俄罗斯、突尼斯、德国、阿尔巴尼亚、苏丹共和国、朝鲜、越南、加纳、斯里兰卡、刚果、巴基斯坦、挪威、古巴、智利、缅甸、秘鲁、墨西哥、希腊、塞浦路斯、保加利亚、波兰、日本、菲律宾、新西兰、荷兰、阿尔及利亚、民主刚果（原扎伊尔）、埃塞俄比亚、罗马尼亚、肯尼亚、阿根廷、泰国、新加坡、孟加拉国、比利时、卢森堡、南斯拉夫、阿曼苏丹国、巴西、意大利、马来西亚、韩国、克罗地亚、老挝、乌克兰、大不列颠及北爱尔兰（包括泽西岛、百慕大、根西岛、开曼群岛、马恩岛和直布罗陀附属地）、加拿大、马耳他、法国、以色列、格鲁吉亚、土耳其、黎巴嫩、印度、摩洛哥、蒙古、美国、中国香港、澳门、台湾、伊朗、巴哈马、立陶宛。

船舶吨税分为优惠税率和普通税率两种。凡与中华人民共和国签订互惠协议的国家或地区适用船舶吨税优惠税率，未签订互惠协议的适用船舶吨税普通税率。中国香港、澳门、台湾籍船舶适用船舶吨税优惠税率。

吨税税目税率表

<table>
<tr><th rowspan="3">税目
（按船舶净吨位划分）</th><th colspan="6">税率（元/净吨）</th><th rowspan="3">备　注</th></tr>
<tr><th colspan="3">普通税率
（按执照期限划分）</th><th colspan="3">优惠税率
（按执照期限划分）</th></tr>
<tr><th>1年</th><th>90日</th><th>30日</th><th>1年</th><th>90日</th><th>30日</th></tr>
<tr><td>不超过2 000净吨</td><td>12.6</td><td>4.2</td><td>2.1</td><td>9.0</td><td>3.0</td><td>1.5</td><td rowspan="4">拖船和非机动驳船分别按相同净吨位船舶税率的50%计征税款</td></tr>
<tr><td>超过2 000净吨，但不超过10 000净吨</td><td>24.0</td><td>8.0</td><td>4.0</td><td>17.4</td><td>5.8</td><td>2.9</td></tr>
<tr><td>超过10 000净吨，但不超过50 000净吨</td><td>27.6</td><td>9.2</td><td>4.6</td><td>19.8</td><td>6.6</td><td>3.3</td></tr>
<tr><td>超过50 000净吨</td><td>31.8</td><td>10.6</td><td>5.3</td><td>22.8</td><td>7.6</td><td>3.8</td></tr>
</table>

（五）船舶吨税的交款期限

船舶吨税的交款期限是自海关填发《海关船舶吨税专用缴款书》之内起15日内。

小贴士

（1）凡是遇到周六、周日等休息日或法定假日的，顺延至休息日或法定假日后的第一个工作日。

(2) 如果来不及缴纳，滞纳金怎么算呢？从滞纳税款之日起，按日加收滞纳税款0.5‰的滞纳金。滞纳金不足50元的，免缴滞纳金。

海关提醒 下列9种情形均可以免征船舶吨税：

(1) 应纳税额在人民币50元以下的船舶；

(2) 自境外以购买、受赠、继承等方式取得船舶所有权的初次进口到港的空载船舶；

(3) 吨税执照期满后24小时内不上下客货的船舶；

(4) 非机动船舶（不包括非机动驳船）；

(5) 捕捞、养殖渔船；

(6) 避难、防疫隔离、修理、终止运营或者拆解，并不上下客货的船舶；

(7) 军队、武装警察部队专用或者征用的船舶；

(8) 依照法律规定应当予以免税的外国驻华使领馆、国际组织驻华代表机构及其有关人员的船舶；

(9) 国务院规定的其他船舶。

（六）吨税的展期

在吨税执照期限内，应税船舶发生下列情形之一的，可以按照实际发生的天数延长吨税执照期限：

(1) 避难、防疫隔离、修理，并不上下客货；

(2) 军队、武装警察部队征用。

（七）吨税的担保

应税船舶到达港口前，经海关核准先行申报并办结出入境手续的，应税船舶负责人应当向海关提供与其依法履行吨税缴纳义务相适应的担保。下列财产、权利可以用于担保：

(1) 人民币、可自由兑换货币；

（2）汇票、本票、支票、债券、存单；

（3）银行、非银行金融机构的保函；

（4）海关依法认可的其他财产、权利。

小贴士

（1）吨税执照毁损或遗失后，可以向原发照海关书面申请核发吨税执照副本，无须补税。

（2）船舶因修理导致净吨位变化，是否补、退税？应税船舶在吨税执照期限内，因修理导致净吨位变化的，吨税执照继续有效。应税船舶办理出入境手续时，应向海关提供船舶经过修理的证明文件。

（3）船舶船籍变更了，怎么办？应税船舶在吨税执照期限内，因税目税率调整或者船籍改变而导致适用税率变化的，吨税执照继续有效。因船籍改变而导致适用税率变化的，应税船舶在办理出入境手续时，应向海关提供船籍改变的证明文件。

（八）值得关注的情形

（1）应税船舶发现多缴税款的，可以自缴纳税款之日起 1 年内以书面形式要求海关退还多缴的税款并加算银行同期活期存款利息。按照海关规定，海关将自受理退税申请之日起30 日内查实并通知办理退还手续。必须在收到海关通知之日起 3 个月内办理有关退还手续。

（2）应税船舶有下列行为之一的，将接受海关处罚：

①未按照规定申报纳税、领取吨税执照的；

②未按照规定交验吨税执照及其他证明文件的。

海关提醒 属上述情形之一的，除海关责令企业改正之外，将处2 000元以上 3 万元以下罚款；不缴或者少缴应纳税款的，处不缴或者少缴税款的 50% 以上 5 倍以下的罚款，但罚款不得低于 2 000 元。

小贴士

(1) 净吨位是指由船籍国（地区）政府授权签发的船舶吨位证明书上标明的净吨位。

(2) 非机动船舶是指自身没有动力装置，依靠外力驱动的船舶。

(3) 非机动驳船是指在船舶管理部门登记为驳船的非机动船舶。

(4) 捕捞或养殖渔船是指在中华人民共和国渔业船舶管理部门登记为捕捞船或者养殖船的船舶。

(5) 拖船是指专门用于拖（推）动运输船舶的专业作业船舶。拖船按照发动机功率每1千瓦折合净吨位0.67吨。

(6) 吨税执照期限是指按照公历年、日计算的期间。

五、兼营船舶“改营”需要办理的海关手续

我国兼营船舶的船方或其代理人应向船公司所在地海关书面申请并办理兼营船舶登记手续，经海关核准并签发“海关监管签证簿”（以下简称“签证簿”）后，才能兼营国际或国内运输。兼营船舶的航行、停泊期间，必须随带“签证簿”以备海关核查。

（一）国际运输改为国内运输

兼营船舶在卸完进口货物和办完船员携带进口自用物品验放手续后，才能申请改为经营国内运输，由海关在“签证簿”上批注签章。

需要向海关提交以下材料：

(1) 兼营船舶改营申请书；

(2)“中国籍兼营船舶海关监管签证簿”；

(3)“船舶进出境（港）海关监管簿”；

(4) 船员物品申报单；

(5) 船用物品申报单；

(6) 进口完货证明。

（二）国内运输改为国际运输

兼营船舶在卸完国内运输货物后，才能申请改为经营国际运输，由海关在“签证簿”上批注签章。

需要向海关提交以下材料：

（1）兼营船舶改营申请书；

（2）中国籍兼营船舶海关监管签证；

（3）船舶进出境（港）海关监管簿；

（4）船舶空载说明。

海关提醒 连续经营国内运输满一年的兼营船舶，海关将视作不再经营国际运输业务，海关将要求船方或其代理人在期满后一个月内将“船舶进出境（港）海关监管簿”交回。

（三）申报技巧

（1）如实申报船用物料。船方或其代理人应在船舶申报改为经营国内运输的同时，在“签证簿”内向海关报明留存船上的进口船用物料、燃料、烟、酒的名称。

（2）提前办理补税手续。如需将船用物料、燃料、烟、酒调拨或作价出售给其他非国际航行船舶，要事前书面报经海关核准，并照章补征进口税。

（3）经海关结关改为经营国内运输的船舶，如需再改航国外、经营国际运输时，船方或其代理人应在装出口货物或无货出口结关开航前24小时前向海关提出书面申请，并交验“签证簿”。

第四节　来往港、澳小型船舶

来往香港、澳门小型船舶，是指经交通部或者其授权部门批准，专门来往于内地和我国香港、澳门之间，在境内注册从事货物运输的机动或者非机动船舶。

一、备案与年审

（一）来往港澳小型船舶备案如何办理

（1）办理地点。来往港澳小型船舶的备案应当由所属的船舶运输企业办理，办理海关为企业工商注册所在地的直属海关或者其授权的隶属海关。小型船舶经海关备案后，可以从事进出境货物运输。

（2）办理备案手续时，应提交以下文件：

1	来往港澳小型船舶登记备案表
2	交通主管部门的批准文件复印件
3	中国船级社或者海事主管部门出具的船舶检验证书复印件
4	船舶营业运输证复印件
5	船舶国籍证书复印件
6	船舶船体结构图
7	船舶正面和可以显示船舶名称侧面彩色照片各一式 3 张

小贴士 以上文件中复印件为留存用，备案时请携带原件以便核对。

海关提醒 来往港澳小型船舶应当安装海关认可的船载收发信装置，备案时，相关证明文书请一并带上。

（3）海关答复时间以及签发的相关证明文书。

资料齐全符合要求海关予以备案的，海关会在收齐单证之日起 5 个工作日内签发“来往港澳小型船舶登记备案证书”、“来往港澳小型船舶进出境（港）海关监管簿”。

不予备案的，海关会在收齐单证之日起3个工作日内制发“来往港澳小型船舶不予备案通知书”。

（二）来往港澳小型船舶年审如何办理

（1）年审手续在备案海关办理。

（2）年审时需提交以下单证：

1	来往港澳小型船舶年审报告书
2	备案证书
3	来往港澳小型船舶进出境（港）海关监管簿

小贴士 已在海关备案的小型船舶名称、船体结构、经营航线、法定代表人、地址、企业性质等内容发生变更的，要持书面申请和有关批准文件到备案海关办理变更手续。

海关提醒 （1）年审时也要携带对于船载收发信装置情况；

（2）未办理年审或者年审不符合规定的小型船舶将不得继续从事进出境运输业务。

二、进出境手续办理

（一）小型船舶进境手续的办理

进境手续的办理基本流程如下表：

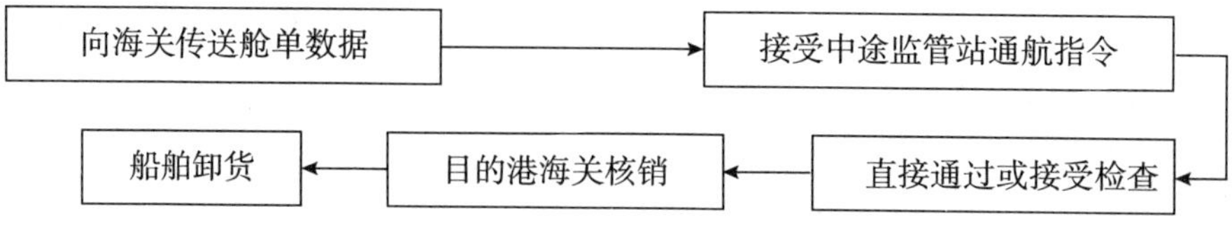

（1）向海关传送舱单数据。舱单传输人在开始装载货物、物品的2小时以前，自行或者委托舱单录入单位，通过与海关联网的公共数据信息平台向海关传输原始舱单电子数据。

海关提醒 时间很重要，要在开始装载货物、物品的2小时以前向海关传送舱单，以免耽误申报。

（2）中途监管站对依据规定对小型船舶发出直航通过中途监管站、停航办理手续等通航指令。

小贴士 小型船舶进出境时，按照航行的目的地和航线等，向指定的小型船舶中途监管站办理舱单确认和关封制作手续，相关水域划分如下：

①来往于香港与珠江水域的，向大铲岛中途监管站办理；

②来往于香港、澳门与磨刀门水道的，向湾仔中途监管站办理；

③来往于香港、澳门与珠江口、磨刀门水道以西广东、广西、海南沿海各港口的，向桂山岛中途监管站办理；

④来往于香港、澳门与珠江口以东广东、福建及以北沿海各港口的，向大三门岛中途监管站办理；

⑤来往于香港与深圳赤湾、蛇口、妈湾、盐田港、深圳大铲湾港区的，直接在口岸海关办理进出境申报手续。

（3）停靠对应的中途监管站，按照海关要求接受检查，中途监管站签批海关监管簿，并办理舱单确认和关封制作手续。

（4）船舶到达目的港后，船舶负责人及其代理人应及时向海关递交规定的单证。目的港海关进行“核销航次”和收取纸质舱单等。

海关提醒 ①船舶公用或者船员自用物品需要进出境，应当如实填写来往港澳小型船舶进/出境公用物品申报单及来往港澳小型船舶船员进/出境自用物品申报单向海关申报，海关按照规定办理验放手续。

②在香港、澳门装配机器零件或者添装船用燃料、物料和公用物品的，应当填写来往港澳小型船舶境外添装燃料物料申报单，向海关申报并交验有关购买单据或者发票，办理燃料、物品的进口手续。

（5）船舶可以卸货。

（二）小型船舶出境手续的办理

（1）接受中途监管站通航指令向海关传送舱单数据与进口不同，出口时传输数据应当是在在开始装载货物、物品的4小时以前，向海关传输预配舱单电子数据。

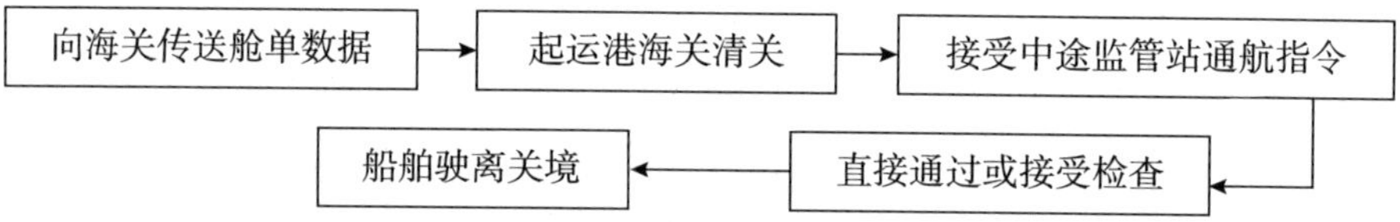

（2）向起运港海关递交纸质舱单、海关监管簿等有关单据、簿册，办理离港手续。起运港海关会在海关监管簿上批注并加盖验讫章，在1份出口舱单签注、盖章后，交给您。您就可以离境了。

（3）和进口一样，经过中途监管站时，中途监管站会发出直航通过、停航办理手续等通航指令。如直接通行，则在出境后自动结束航次。

（4）停靠对应的中途监管站办理手续的，将起运港海关签章的舱单等单据递交中途监管站确认，经中途监管站签注海关监管簿后，继续驶往境外目的港。

三、有关注意事项

（一）可以做的和不可以做的

可以做的：

（1）兼营境内运输。具备一个条件，即经交通部门批准，办理一项手续，每次由境外运输变更为境内运输或者由境内运输变更为境外运输前，应当报告备案海关，由海关在“海关监管簿”上进行签注并办理有关手续；

小贴士 长期兼营境内运输的，可以申请暂停船载收发信装置，以便节省相关费用。

(2) 由于不可抗力的原因，可以在未设立海关的地点停泊、抛掷、起卸货物、物品或者上下人员，但应当立即报告附近海关。

小贴士 因遇到风浪，致使无法在海关中途监管站停泊办理进出境手续的，也可以直接驶往目的港，但需要经过海关中途监管站许可。

不可以做的：

(1) 小型船舶不得设置暗格、夹层等可以藏匿货物、物品的处所，船体结构经国家船检部门审定后不得擅自改动；

(2) 小型船舶不得同船装载进出口货物与非进出口货物。

(二) 船载收发信装置（GPS）的使用和管理

(1) 什么样的小型船舶可以不安装船载收发信装置?

根据规定，工程船舶、捕捞船舶、拖轮，在经主管海关审批后可不安装船载收发信装置。当然，如果有其他特殊情况，在经审批后也是可以不安装的。

(2) 小型船舶的船载收发信装置变更、暂停、恢复、注销使用等都需要在海关办理手续，办理地点就是备案的海关。

海关提醒 小型船舶的船载收发信装置发生了变更或者需要暂停、恢复或者注销的，请尽快到备案海关办理手续，以免影响船舶年审。

（三）忘记申报、申报错误怎么办

对于忘记申报或申报错误的情况，海关会视情节轻重予以不同的处理。如果违反了《中华人民共和国海关关于来往香港、澳门小型船舶及所载货物、物品管理办法》的规定，构成走私或者违反海关监管规定行为的，海关依照《中华人民共和国海关法》《中华人民共和国海关行政处罚实施条例》等有关法律、行政法规的规定予以相应的处理；构成犯罪的，将会被追究刑事责任。

第五节　国际运输民用航空器

“这位旅客，您好！请您打开您的行李接受海关检查。”当您乘坐国际航班的时候，是不是会经常遇到这样的情况？请不要意外，这不是针对您个人的，这是海关的一种正常的监管执法行为，海关不但对行李进行监管，还对飞机上的所有人、货、邮件甚至整个飞机进行监管。自“9·11事件”以来，海关还承担了反恐任务，海关的监管活动一方面是要维护旅客的安全，另一方面是要防止和打击利用飞机夹带走私，维护国家的经济、文化、环境安全。

下面介绍怎样才能以最快的速度办理航班的申报以及人、货、邮件的上下飞机手续。

一、配合海关监管的技巧

（一）通知海关航班抵达时间

根据海关要求，空港或者航站需要在规定的时限内将航班抵达时间通知海关，以便海关作出合理安排，在航班抵达后进行监管。具体要求是：航程4小时以下的，航空器起飞前；航程超过4小时的，航空器抵达境内第一目的港的4小时以前将航班抵达时间通知海关。

（二）及时准备好申报资料

在航班起飞前或降落后，机长或其代理人都必须向海关申报本航班的具体情况，还要递交相关的单证由海关审核。

降落后要提交的单证：

（1）入境和过境旅客以及行李舱单一份；

（2）进口和过境的货物、邮件和其他物品舱单一份以及有关货物的运单副本一份；

（3）机组人员及其自用物品、货币、金银清单一份。

起飞前要提交的单证：

（1）出境旅客以及行李舱单一份；

（2）出口货物、邮件和其他物品舱单一份以及有关货物的运单副本一份；

（3）机组人员及其自用物品、货币、金银清单一份（进站后机组人员没有变动的免交）。

小贴士 进站后机组人员没有变动的可以免交机组人员及其自用物品、货币、金银清单。

二、海关监管的重点

（一）机舱检查

海关对机舱进行检查时，会先收取总申报单和货运舱单，对照申报单和舱单来检查。

（1）查看客货舱内是否遗留或搭载与本次飞行无关的货物或物品。如果有，海关将会清舱。

（2）核查飞机上免税品数量是否异常，如发现异常会责成乘务长及航空食品代理作出明确解释。

（3）检查飞机上是否携带有黄非、反动宣传印刷品、音像制品等及违反我国法律法规的其他物品。是否携带枪支、毒品、珍稀动物制品等国家限制禁止的物品。如果有，海关将会收缴。

（二）监管卸货

飞机抵达后，海关视情况到机下对卸货情况进行全过程监管。具体步骤是：监督开启舱门、货物卸机、全部装上国际货运部门的专用运输车辆对各货舱进行巡视检查，对遗留未卸的货物、发现的异常情况及时处理。

小贴士 旅客的手提物品和机上服务人员的行李物品应当由海关在入境航空港、站和出境航空港、站检查。

（三）监管装货

飞机装运货物前，海关视情况到机下对装货情况进行全过程监管。具体步骤是：国际货运部门装货前，巡视检查客货舱，对海关未放行但准备装机的货物予以扣留处理；监管已放行出口货物全部装上运输工具。

海关提醒 进出口货物、物品经海关放行后方准提取或者收运；进、出境旅客及其行李物品，办完海关手续后，才可以出站或者登机。由于货物数量多、人流大，请耐心办理海关手续，不要违反海关规定，以免受到不必要的法律责任追究。

（四）过境货物监管

过境的外国货物、行李、未办完海关手续的进口货物、行李和已向海关报关尚未放行出境的出口货物、行李，由飞机从一个海关运往另一个海关，海关会在运单（正本）上加盖“海关监管货物”戳记。

小贴士 飞机上旅客的随身行李、托运行李不需要加盖“海关监管货物”戳记。

由国内民用飞机运输的海关监管货物，海关会在货物上加贴“海关监管货物”标志，并且将有关运单等单据封由机长带交指运地航空港、站，按照有关规定办理手续。

海关提醒 海关会对过境的货物进行加封，航空港、站应当负责保护货物和海关封志的完整。

（五）物料监管

留置在飞机上的燃料、油料、零备件、正常设备、供应品及金银、货币等，海关认为必要的时候，可以检查或者加封。机长应当保护海关封志的完整。在停站期间，不准出售或者移作他用。

卸下飞机燃料、油料、零备件、正常设备及供应品等，需要填具免领许可证验放凭单一份交海关检查，存放在海关同意的仓库场所，由海关监管。使用或者运出的时候，填具免领许可证验放凭单一份交海关核销。

小贴士 卸下飞机燃料、油料、零备件、正常设备及供应品等物品免征关税，但是不准出售或者移作他用。

第六节　进出境列车

进出境列车，是指进出关境的机车、客车、货车、邮政车、行李车、发电车、守车和轨道车等列车。

一、进出境申报

（一）车站需要完成到站时间的申报

进境列车。在抵达境内第一目的站的 2 小时以前，进境车站负责人应当将列车预计抵达车站的时间通知海关。列车确切的到站时间要在列车到站以前通知海关。列车到站时，车站负责人应当向海关进行列车到站申报。

出境列车。车站负责人应当在列车驶离出境车站的 2 小时以前将驶离时间通知海关。

临时追加的列车，车站负责人应当在列车驶离出境车站以前将驶离时间通知海关。

海关提醒 进出境列车在进境后和出境前，必须在进出境车站停留，接受海关的监管和检查，因此请安排好在车站的停留时间。如果在进境旅客列车停留时间内未检查完毕，海关可以派员随车继续检查，由进境车站站长按规定提供至最近前方停车站往返免费乘车证和工作条件。

（二）进出境列车需要向海关申报的内容

进出境列车载运的货物、物品，由进出境车站向海关递交下列单据：

（1）货物运单或行李、包裹运行报单及添附文件；

（2）货物交接单或行李、包裹交接单；

（3）海关需要的其他有关文件。

小贴士 海关需要的其他文件有：列车编组顺序表、交接单据、本次列车相关的商务记录等。

（三）转关的货物海关手续如何办理

转关运输货物起运之前，海关对有关单证、货物、物品查核无讹后，在货物运单上加盖“海关监管货物”戳记，连同关封退还车站凭以起运。海关关封由车站转交列车负责人，连同运单一起带交指运地或出境地海关。

二、海关检查

进出境列车装卸进出境货物、物品，上、下进出境旅客，应当接受海关监管和检查。

（一）海关检查时列车应该怎样配合

（1）列车不动。进境列车自到达进境车站起到海关检查完毕止，出境列车自海关开始检查起到海关放行止，未经海关许可不得移动、解体（客车改轮除外），或擅自驶离进出境车站。

（2）人员不动。海关对进出境列车进行检查时，除口岸有关检查、检疫部门和铁路执行职务人员外，其他人员不得上下列车。

（3）配合检查。海关查验货物时，进出境车站应当派人按照海关的要求负责开拆车辆封印、开启车门或揭开篷布，货物的收、发货人或其代理人应当搬移或起卸货物，开拆或重封货物的包装。

海关提醒 海关认为必要时，可以自行开验、复验或提取货样。海关在提取货样时会对提取货样的名称、数量出具证明。

（二）旅途自用物品如何管理

进出境车站工作人员和列车乘务人员携带执行职务所必需的公用物品和生活必需的合理数量自用物品（包括粮食、蔬菜等食品）以及进出境旅客列车所带供应旅客途中食用的饮料、食品等，由海关查验免税放行。

海关提醒 进出境列车旅客乃至车站工作人员和列车乘务人员携带的行李物品中有超量货币、电子产品等海关规定需要申报的物品的，应完全、准确地向海关申报。

（三）包装物料和容器等如何处理

（1）包装物料，如篷布和容器等也应当向海关申报。

（2）需要返还的篷布、空容器等。收、发货人或其代理人应当填写收、发货人的篷布或空容器“免税返还证明书”送交进出境海关签印发还车站凭以免税返还。

（四）需要退运的情况

（1）因不符合我国进口管理规定，海关决定退运境外的。车站凭海关书面退运通知办理有关手续。

（2）因违反国际铁路联运规定的拒收货物，铁路部门拒收的，海关凭拒收记录准予退运。

（五）进口的货物改变了进境的车站怎么办

海关监管货物，如果变更国内到站或出境站，办理变更的车站应通知海关，再将海关关封转交列车负责人连同运单一起带交变更后的指运地或出境地车站海关。

海关提醒 变更后的指运站或出境站必须是设有海关的车站。如果指运地车站没有海关，则只有在变更申请人取得指运地车站就近海关同意的情况下，入境地车站才能受理变更。

第七节　来往港、澳公路货运车辆

来往港、澳公路货运车辆，是指依照规定在海关备案的来往港、澳公路货运车辆，包括专业运输企业的车辆和生产型企业的自用车辆。

一、备案与年审

（一）办理备案与年审业务的对象和地点

1. 办理的对象

备案与年审包括以下三种对象：

（1）来往港、澳公路货运企业，是指依照规定在海关备案的从事来往港、澳公路货物运输业务的企业，包括专业运输企业和生产型企业；

（2）来往港、澳公路货运车辆，是指依照规定在海关备案的来往港、澳公路货运车辆，包括专业运输企业的车辆和生产型企业的自用车辆；

（3）来往港、澳公路货运车辆驾驶员，是指依照规定在海关备案的驾驶来往港、澳公路货运车辆的驾驶员。

2. 办理的地点

办理备案与年审的地点是在车辆准备进出境的口岸所在地直属海关或者经直属海关授权的隶属海关。

（二）备案分别准备哪些材料

1. 货运企业备案需要提交的材料

1	来往香港/澳门货运企业备案申请表
2	政府主管部门的批准文件
3	工商行政管理部门核发的企业法人营业执照或者营业执照复印件
4	技术监督部门核发的中华人民共和国组织机构代码证复印件
5	专业货运企业提交交通行政管理部门核发的公路运输经营许可证复印件，生产型企业提交海关核发的自理报关企业注册登记证书复印件
6	海关认可的担保函或其他担保形式

2. **货运车辆备案需要提交的材料**

1	来往香港/澳门货运车辆及驾驶员备案登记表
2	来往香港/澳门货运车辆海关验车记录表或者海关认可的公安、交通、车检部门出具的验车报告
3	公安交通车管部门核发的车辆及驾驶人员进出境批准通知书海关联
4	公安交通车管部门核发的机动车辆行驶证复印件
5	符合海关要求的车辆彩色照片4张

小贴士 彩色照片，2张为车辆左前侧面45度角拍摄，并可明显看见油箱和粤港/澳两地车牌；2张为后侧面45度角拍摄，并可明显看见粤港/澳两地车牌，均为4×3寸。

海关提醒 （1）在香港/澳门地区办理车辆登记证明文件的进出境车辆（即港澳籍车辆），应当同时提交境外有关政府管理机构签发的车辆登记文件复印件、来往香港/澳门车辆备案临时进境验车申报表；

（2）在内地办理车辆登记证明文件的进出境车辆，应当同时提交机动车辆登记证书复印件；

（3）运载危险品的车辆，应当同时提交主管部门的批准文件复印件；

（4）生产型企业的自用车辆，应当同时提交自理报关企业注册登记证书复印件。

小贴士 以上文件中复印件为留存用，备案时请携带原件以便核对。

3. **驾驶员备案需要提交的材料**

1	来往香港/澳门货运车辆及驾驶员备案登记表
2	车辆及驾驶人员进出境批准通知书海关联
3	公安交通车管部门核发的机动车辆驾驶员驾驶证复印件
4	驾驶员身份证、回乡证或者护照复印件
5	驾驶员彩色近照2张（规格：大一寸、免冠、红底）

小贴士 海关备案后，海关发放相关证件。

(1) 货运企业，海关核发“来往香港/澳门货运企业备案登记证”。

(2) 货运车辆、驾驶员，海关核发“来往香港/澳门车辆进出境签证簿”和用于证明驾驶员和载运进出境货物实际情况的通关证件。

(三) 年审分别需要准备的材料

1. 货运企业年审需要提交的材料

1	来往香港/澳门货运企业年检报告书
2	货运企业备案登记证原件正本
3	政府主管部门批准企业成立或者延期的批准文件

2. 货运车辆、驾驶员年审时需提交的材料

1	来往香港/澳门车辆及驾驶员年检报告书
2	签证簿原件正本
3	验车记录表或者海关认可的公安交通车检部门出具的验车报告
4	公安交通车管部门核发准予延期的批准通知书海关联
5	海关核发的通关证件

(四) 对于备案车辆规格方面的具体要求

货运车辆应当为集装箱式货车或者集装箱牵引车，并符合下列条件，海关方允许备案：

(1) 车辆的类型、牌名、车身颜色、发动机号码、车身号码、车辆牌号等应当与公安交通车管部门核发的证件所列内容相符。

(2) 集装箱式货车的车厢监管标准应当按照《中华人民共和国海关对装载海关监管货物的集装箱及集装箱式货车车厢的监管办法》的规定执行；如有特殊需要加开侧门的，应当经海关批准，并符合海关监管要求。

(3) 集装箱式货车或者集装箱牵引车应当使用海关的电子关锁，并可

以安装符合海关要求的车载收发信装置。

（4）车辆的油箱和备用轮胎等装备以原车出厂时的配置为准，不得擅自改装或者加装。

小贴士 散装货车也可以作为来往香港/澳门的货运车辆。在经海关批准后，该类车辆可以承运不具备施封条件的超大型机械设备或者鲜活水产品等散装货物。

（五）企业、车辆和驾驶员的情况发生变动的做法

（1）“货运企业备案登记证”、“签证簿”和通关证件需要更新的，可以凭原件向备案海关申请换发；发生损毁或者灭失的，应当及时向海关报告，经备案海关审核后予以补发。

（2）车辆需进行车体、厢体改装的，应当向备案海关申请，经海关同意后改装。改装后的车辆经备案海关重新检验认可后，海关收回原车辆的“签证簿”和通关证件，注销原车辆的备案资料，重新予以核准备案，签发新的“签证簿”和通关证件。

（3）货运企业出现变更企业名称、通行口岸或者更换车辆、驾驶员等情况的，应当持政府有关主管部门的批准文件及相关资料，到备案海关办理变更备案手续。

（4）货运企业、车辆、驾驶员在备案有效期内暂停或者停止进出境营运业务的，应当向海关报告，海关收回“签证簿”和通关证件，对有关备案资料作暂停或者注销处理。港/澳籍车辆在办结海关手续并已出境后，海关予以办理暂停或者注销手续。

二、运营管理

（一）进出境运营过程中如何确保顺畅

（1）货运车辆应当由在海关备案的驾驶员驾驶，特殊情况下可以由后备驾驶员驾驶；

(2) 驾驶员应当按照海关指定的路线和规定的时限，将所承运的货物完整地运抵指定的监管场所；

(3) 确保承运车辆、海关封志、海关监控设备及装载货物的箱（厢）体完好无损；

(4) 货运车辆进出境时，按照海关规定如实申报，交验单证，接受海关监管和检查；

(5) 海关检查车辆和查验所载货物时，驾驶员应根据海关的要求开启车门，搬移货物，开拆和重封货物包装，配合检查。

海关提醒 后备驾驶员也必须是在海关备案，符合海关要求的。

(二) 港/澳籍车辆进境后可以停留的时间

港/澳籍进出境车辆进境后，应当在3个月内复出境；特殊情况下，经海关同意，可以在车辆备案有效期内予以适当延期。

海关提醒 已进境的港/澳籍车辆，包括集装箱牵引架、集装箱箱体，未经海关同意并办结报关纳税手续，不得在境内转让或者移作他用。

(三) 海关对车用备件以及驾驶员自用物品的限制

(1) 总的原则是以旅途自用合理数量为标准；

(2) 如果携带超过了合理数量，需要向海关申报并办理有关手续。

海关提醒 驾驶员有着频繁进出境的优势，近年来发生不少驾驶员充当水客的案例。违反《中华人民共和国海关关于来往香港、澳门公路货运企业及其车辆和驾驶员的管理办法》规定，构成走私或者违反海关监管规定行为的，由海关予以相应的处理；如果构成走私等犯罪的，将会被依法追究刑事责任。

（四）遇到特殊情况的处置方式

总的原则是遇到特殊情况立即向附近的海关或者备案的海关报告，具体情况有其对应的做法：

（1）海关监控设备需要拆装。比如海关电子关锁、车载收发信装置等遇到特殊情况需要拆装，首先应当报经备案海关同意，其次在监控设备拆装后，需要到备案的海关重新办理验核手续。

（2）更换驾驶员。因特殊原因，车辆在境内运输途中需要更换或者驾驶员需要更换的，驾驶员或者货运企业应当立即报告附近海关，在海关的监管下更换。

（3）运载的货物损坏或遗失。海关监管货物在境内运输途中，发生损坏或者灭失的，应当立即向附近海关报告。

海关提醒 对于意外损坏或者遗失的货物，除了是不可抗力的原因，货运企业应当承担相应的税款及其他法律责任。

第九章　境内承运海关监管货物的运输工具

第一节　境内承运海关监管货物的车辆

说到海关监管车的使用就必然有转关货物，转关货物是指进口货物由进境地入境后，在海关监管下运往另一设关地点办理进口验放手续的货物；或者出口货物在起运地海关办理验放手续运往出境地，由出境地海关监管出境的货物；或者由境内一个设关地点转运到境内另一个设关地点的海关监管货物。海关监管车就是承运转关货物的运输工具。

一、承运货物前的注册备案

（一）海关监管车的运输企业是否需要一定的资质

海关监管车的运输企业需要向海关进行注册登记，要办理注册登记需要同时符合下面四个条件：

（1）从事货物运输业务1年以上，注册资金不低于200万元人民币；

（2）按照《海关法》第六十七、六十八条的规定，有具有履行海关事务担保能力的法人、其他组织或者公民提供的担保；

（3）企业财务制度和账册管理符合国家有关规定；

（4）企业资信良好，在从事运输业务中没有违法前科。

（二）办理运输企业的注册需要携带的证明材料

符合办理海关监管车辆的运输企业还需要到海关进行注册备案，具体材料如下：

（1）承运海关监管货物境内运输企业注册登记申请表（到海关相关部门领取）；

（2）工商行政管理部门核发的营业执照复印件；

（3）交通运输管理部门核发的道路运输经营许可证复印件；

（4）技术监督部门核发的中华人民共和国组织机构代码证复印件；

（5）承运海关监管货物车辆的驾驶员名单及备案登记资料。

海关对资格条件及递交的有关证件进行审核，合格的，会颁发“境内公路运输企业载运海关监管货物注册登记证书”，即运输企业具备了营运海关监管车的资质。

（三）海关对监管车辆及其驾驶员的资质及注册方面的要求

车辆的资质必须满足以下五点要求：

（1）必须为运输企业的自有车辆，其机动车辆行驶证的车主列名必须与所属运输企业名称一致。

（2）厢式货车的厢体必须与车架固定一体，厢体必须为金属结构，无暗格、无隔断，具有施封条件，车厢连接的螺丝均须焊死，车厢两车门之间须以钢板相卡，保证施封后无法开启；有特殊需要，需加开侧门的，须经海关批准，并符合海关监管要求。

（3）集装箱拖头车必须承运符合国际标准的集装箱。

（4）散装货车只能承运不具备加封条件的大宗散装货物，如矿砂、粮食及超大型机械设备等。

（5）从事特种货物运输的车辆须递交主管部门的批准证件。

车辆注册需要携带的材料：

（1）承运海关监管货物境内运输车辆注册登记申请表（海关相关部门领取）；

（2）公安交通管理部门核发的“机动车行驶证”复印件；

（3）运载危险品的车辆需提交加盖“道路危险货物运输专用章”的“道路运输经营许可证”和“道路运输营运证”的复印件；

（4）车辆彩色照片2张（要求：前方左侧面45°，4×3寸；能清楚显示车牌号码；车头及车厢侧面喷写企业名称）。

海关对车辆监管条件及相关文件进行审核，合格的，颁发“中华人民共和国境内汽车载运海关监管货物车辆准载证”、“中华人民共和国海关境内汽车载运海关监管货物载货登记簿”（俗称“白卡”，相当于海关监管车身份证）。

小贴士 “汽车载货登记簿”，每车只发一证，专车专用。不得转借、涂改、故意损毁，“汽车载货登记簿”和“准载证”由车辆固定使用；实施卫星定位管理的车辆，卫星定位管理系统配套使用的身份证（IC）卡与“汽车载货登记簿”具有同等效力。

驾驶海关监管车的驾驶员须具备的条件：

（1）具有中华人民共和国居民身份证；

（2）为运输企业职工；

（3）没有走私违法犯罪前科；

（4）遵守海关的有关管理规定。

驾驶员登记需要向海关提供的材料：

（1）承运海关监管货物境内运输车辆驾驶员备案登记表；

（2）驾驶员的国内居民身份证、机动车驾驶员驾驶证（复印件）；

（3）驾驶员彩色近照2张（规格：大1寸、免冠、红底）。

承运海关监管货物的驾驶员应当了解和熟悉海关相关法规及监管规定，参加海关组织的各种业务培训。

小贴士 在携带以上材料复印件时最好将文件正本也带上，以便审查。

二、如何正确使用海关监管车辆

正确使用监管车可以避免许多不必要的麻烦，提高效率，降低物流成本。了解相关的技巧可以提高车辆的使用率。

（一）货物装车摆放整齐，便于查找

转关货物还没有放行前会面临被海关查验的概率，如果转关货物被布控查验，海关查验人员看到所装的转关货物散乱地放在车内，找不到想要查的转关货物，海关很有可能认为该批货物具有逃避海关监管的嫌疑，就会面临被掏箱的可能，就是要把所有的货物都翻出来查验，查完后才能再次装车放行。这样既费时又费力，还增加了成本。

（二）办理转关时，确保“汽车载货登记簿”等相关单证齐全，字迹清晰

海关在办理货物转关业务时，需要对“汽车载货登记簿”所填内容进行审核，是否申报准确无误，无误的，海关还需在“汽车载货登记簿”进境地或起运地栏内签章。所以单证齐全、字迹清晰很有必要。

（三）转关货物运到目的地海关后及时办理验封核销

货物运抵目的地海关的监管场所以后，可以立即携带相关的单证向海关申请验核监管车辆上的封志，海关验完封志，确认无误，会将封志拆除。拆除后，无须理会所载转关货物是否报关放行，均可以将其从车上卸下放入海关监管场所内。货物卸完即宣告此次承运转关货物的任务完成，监管车辆就可以重新承运其他转关货物。

海关提醒 如果出现多辆海关监管车混装多批货物，车辆不能同时抵达目的地时，一方面可以等待货物全部抵达后再向海关进行验核封志及核销手续；另一方面可向海关说明，让海关及时了解到转关货物的真实情况，以免海关误认为申报内容与车辆装载情况不符，存在走私嫌疑，造成不必要的麻烦。

三、使用海关监管车辆的注意事项

在办理海关业务，使用海关监管车辆时，还有几个值得注意的事项。

（一）年审

海关每年的5月份组织年审，运输企业、车辆务必参加，如果逾期3个月未年审，海关视其自动放弃承运海关监管货物资格，会注销承运海关监管货物的资格，收回有关证件。

（二）换车

如果您的海关监管车辆需更换（包括更换车辆、更换发动机、更换车辆牌照号码）、改装车体等，需要按规定重新办理注册登记手续。

（三）路线

承运海关监管货物的车辆应按海关指定的路线和要求行驶，并在海关规定的时限内运抵目的地海关。不得擅自改变路线、在中途停留并装卸货物。

（四）换装

您的海关监管车在运输途中遇特殊情况，或出现故障，需换装其他运输工具时，承运单位或承运人应立即通知附近海关，在海关监管下换装，附近海关在换装后会将换装情况通知货物出发地和目的地海关。

（五）货损

海关监管货物在运输途中发生丢失、缺少或损坏等情事的，除不可抗力外，您需要承担相应的纳税义务及其他法律责任。

小贴士 海关对运输企业、车辆、驾驶员三方面均进行管理，任何一方出现问题均会对监管车的使用造成影响，建议运输企业加强自身及驾驶员的管理，提高管理能力，杜绝违法违规的事件发生。良好的运输环境、高效的通关速度才能给您带来高收益。

第二节　承运海关监管货物的长江驳运船舶

一、承运海关监管货物的长江驳运船舶的注册

如果您想经营承运海关监管货物的长江驳运船舶（以下简称驳船），需要先到海关对驳船进行注册登记，并且您的驳船必须具备海关加封条件的货仓，还要符合海关的监管条件（具体参照《海关总署关于修改〈中华人民共和国海关关于境内公路承运海关监管货物的运输企业及其车辆、驾驶员的管理办法〉的决定》相关内容），经海关审核批准并签发注册登记证书后，您的驳船才可以在海关同意的港口码头从事转运进出口货物运输业务。

小贴士 请您将驳船的注册登记证书随船携带，因为海关会在驳船的航行和停泊期间对其进行核查。

二、办理海关手续的技巧

（一）备好资料交海关审验

驳船在口岸过驳前，应将其注册登记证书、关封和有关单证交口岸海关审验，经海关核准后方可装卸货物。驳船没有加封设施的，口岸海关将不准予转运，货物只能在口岸办理报关纳税手续。

小贴士 散装大宗等货物以及经海关特准货物不需要驳船具有加封设施。

（二）出口货物办理流程

驳船装载的出口货物，需要先向起运地海关办理出口转关手续。经海关在装货单据上加盖“验讫章”后，驳船才可装船。货物运抵出境地经海关开拆封志并在装货单上盖印放行后，驳船、货主才可换装运输工具。

出口转关货物，出境地海关认为必要时可对有关出口货物进行复验，您需要根据海关要求，负责搬移货物、开拆和重封货物的包装。

海关提醒 驳船在同一航次中，未经海关同意，不能将“海关监管货物”与非监管货物同舱混装。驳船在承载海关监管货物期间，未经海关同意，不得在未设海关港口加载、装卸货物。如有违反将要承担相关的法律责任，会造成不必要的麻烦。因此，建议有问题及时与海关进行沟通解决。

（三）进口货物办理流程

驳船装载的进口货物，需要先向进境地海关办理进口转关手续，经海关审核同意可转运指运地海关。进口货物在换装运输工具时，如发生溢、短、残损等情况，进境地海关会在封入关封内的有关单证上批注说明。

进口货物运达目的地后，要立即将关封递交指运地海关，经海关审核同意并开拆封志后才可卸货。

小贴士 所有驳船装载的进出口转关货物都需要在海关放行后才能够装卸，请在装卸货物之前及时了解该货物是否已经过海关放行。

海关提醒 您的驳船装载的进出口货物，在运输途中如遇水损或发生意外事故，您应向到达地海关书面报告。海关在查明情况后，按有关规定处理。驳船及其工作人员不得为国际航行船舶船员运带未经海关放行的个人物品。违者将会被追究法律责任。

第十章　用于装载海关监管货物的集装箱和集装箱式货车车厢

集装箱是一种运输工具，普遍使用于国际贸易间的运输。集装箱的种类有很多，有干货箱、开顶箱、冷藏箱、槽罐箱等；制作材料也有几种，比如钢制的、铝制的、玻璃制的等。

下面为您详细讲述。

一、集装箱和集装箱式货车车厢运营的两种牌照

集装箱作为一种运输工具，跟我们在路上看到的汽车一样，也有一个牌照，集装箱的牌照是由中国船级社颁发的。境外制造的和境内制造的集装箱都可以申请我国的牌照，具体分为两种：

第一种，境内制造的集装箱申请我国海关批准牌照，中国船级社对集装箱图纸进行审查，按照规定进行实体检验，检验合格的，核发“按定型设计批准证明书”或“按制成以后批准证明书”。

第二种，境外制造的集装箱申请我国海关批准牌照的，制造厂或者所有人应当提交集装箱有关图纸，中国船级社审查并现场确认后核发“按制成以后批准证明书”。

装载海关监管货物的集装箱式货车车厢申请海关批准牌照，中国船级社对申请海关批准牌照的集装箱式货车车辆的图纸进行审定，并按照规定对集装箱式货车车厢进行实体检验，检验合格的，核发“集装箱式货车车厢批准证明书”。

小贴士 境内制造的集装箱可以申请我国海关批准牌照，也可以向加入联合国《一九七二年集装箱关务公约》的境外有关国家当局申请外国海关的批准牌照。境外的船级社有：美国船级社（A. B. S.）、法国船级社（B. V.）、挪威船级社（D. N. V.）等。

小常识 每个集装箱都有一个识别码，识别码由4个英文字母和7个数字组成，例如：TCHU2345678。4个英文字母，前3个字母是船公司、租箱公司代码，比如中远是CBH、中海是CCL、弘信是TGH，第4位U代表集装箱，任何一个集装箱第4个英文字母都是U。后7位数字是集装箱的编号，通常1和9开头的集装箱是特种箱，数字4、7、8开头的是大柜，2、3开头的是小柜。

二、海关管理集装箱和集装箱式货车车厢的五种类型

（一）进出境管理

承载集装箱的运输工具在进出境时，承运人、营运人或者其代理人应当向海关如实申报，递交载货清单，传输载货清单电子数据。载货清单上应当列明运输工具名称、航（班）次号或者集装箱式货车车牌号、国籍、卸货港，集装箱箱号或者集装箱式货车车厢号、尺寸、总重、自重，以及箱（厢）体内装载货物的商品名称、件数、重量，经营人、收发货人、提（运）单或者装货单号等有关内容。

（二）调拨管理

国际集装箱班轮公司可以在境内沿海港之间调运其周转空箱及租用空箱。国际集装箱班轮公司或者其代理人凭交通主管部门的批准文件和自制的集装箱调运清单，向调出地和调入地海关申报。

调运清单内容应当包括：承运集装箱原进境船舶名称、航（班）次号、日期，承运调运空箱的船舶名称、航（班）次号、集装箱箱号、尺寸、目的

岸、箱体数量等，并向调出地和调入地海关传输相关的电子数据。

小贴士 除境内沿海港口的调拨外，其他在境内调拨或者运输的空集装箱，不需办理海关手续。所以在办理境内集装箱调拨前先确定在哪些港口之间调拨，这样可以省去一些不必要的海关手续。

（三）报废管理

在境内生产的集装箱或者购买进口的集装箱及厢式货车报废需要报废的，需要向海关办理注销手续。

如果有其他暂时进境的集装箱和集装箱式货车车厢严重损坏了，怎么办呢？

请按照《1972 年集装箱关务公约》的有关规定，先按普通进口货物缴纳进口关税后归您所有，或由您申请放弃，或在进境地海关的监督下予以销毁。

海关提醒 请不要擅自处置您报废的或损坏的集装箱及箱式货车，此类集装箱及箱式货车都还是海关监管货物，擅自处理，会给您带来不必要的麻烦，甚至会被追究法律责任。

（四）登记管理

您在境内生产的集装箱以及进口的集装箱在投入国际运输前，应当向海关办理登记手续。如果没有登记只能办理暂时进境手续，暂时进境的集装箱必须在六个月内复运出境；因为特殊情况不能出境的，要向海关申请延期，海关同意后，最长延期不能超过三个月；延期后仍不能出境的，海关就要办理进口征税手续了。

小贴士 已在海关登记的集装箱，进出境时不受期限的限制。

（五）退税管理

您的箱厂新造的出口集装箱，需要按规定运抵海关指定堆场，并办理报关和出口核销手续后，海关会给您签发出口退税专用报关单，让您享受出口退税。

小贴士 由于办理出口核销手续必须在集装箱实际离境后，部分集装箱实际离境的时间存在不确定性，所以导致您不能够立即享受出口退税，对您的现金流会有一定影响。当前海关提出了一项优惠举措，即出口监管仓库入库即退的政策，可以考虑采纳。

第十一章　舱单

预备舱单、装载舱单、清洁舱单和提单。本章将重点介绍这四种舱单的内容，以便大家更加清楚地了解。

第一节　了解舱单

企业在进口货物过程中，经常会问："我已经定了大船的舱位，何时向海关传输舱单？谁传输舱单，是收发货人、船主，还是船舶代理？传输舱单就相当于向海关申报吗？"针对这些问题，下面为您逐一道来。

一、舱单的四个基本要件

运输工具进出我国关境的时候，运载有货物、物品和旅客等的，需要向出入境所在的海关申报，首先是必须向海关进行舱单申报。这里指的舱单与传统意义上的"MANIFEST"有什么区别呢？根据《舱单管理办法》和海关监管实际，舱单是一个广义、宽泛、抽象的概念，并非特指目前的某一种舱单，具体包括的原始舱单、预配舱单、装载舱单，并不能等同于传统意义上的"MANIFEST"。从工作实践来看，上述舱单是根据目前的舱单数据来进行重新整合形成不同的具体舱单。

（一）舱单的四个基本要件

《舱单管理办法》所称的舱单应当具备哪些基本要件呢？

第一，必须是一个载体，载体包括电子数据载体、纸质及其他载体，在《舱单管理办法》中所称的舱单主要是指舱单的电子数据；

第二，必须是货物、物品及旅客信息的载体，其他信息的载体不是舱单；

第三，必须具有进出境的运输工具载体，如个人通过步行方式进出境，不列入《舱单管理办法》中舱单的调整范围；

第四，运输工具必须具有进出境的具体行为，不具有进出境行为的不在《舱单管理办法》的调整范围。

（二）舱单包含的种类

在外贸实践中，经常会看到“原始舱单”、“预配舱单”、“装（乘）载舱单”等专业名词。这些名词有什么不同的含义？

（1）原始舱单：舱单传输人向海关传输的反映进境运输工具装载货物、物品或者乘载旅客信息的舱单。

（2）预配舱单：反映出境运输工具预计装载货物、物品或者旅客信息的舱单。

（3）装（乘）载舱单：反映出境运输工具实际配载货物、物品或者旅客信息的舱单。

二、需要传输舱单的四种情况

企业进出口过程中，会选取合适的运输工具将进口货物入境或出口货物交付给收货人，《舱单管理办法》就是针对当前经济形势发展的现状而作适当的调整，其适用范围涵盖了水（船舶）、陆（公路车辆）、空（航空器）、铁（铁路列车）四种运输方式。《舱单管理办法》对舱单重新作了界定，并按进出境方式对舱单进行了分类，包括进境的原始舱单和出境的预配舱单、装（乘）载舱单。

企业选用下面运输方式中的运输工具在进出境中，需要向海关传输舱单数据。

（一）船舶

（1）进出境国际航行船舶，是指进出我国关境在国际运营的境内船舶和境外船舶。

（2）来往港、澳小型船舶，是指经交通部或其他授权部门批准，专门来往于内地和香港、澳门之间，在境内注册从事货物运输的机动或者非机动船舶。

（3）非进出境的从事承运监管货物的船舶，其包括内支线船舶、从事承运海关监管货物的长江驳运船舶、从事国际运营期间的兼营船舶、从事内外贸同船运输的船舶等。

（二）航空器

航空器是指国际民航机，一切进出国境的民用航空器。

海关提醒

（1）国家元首或政府首脑乘坐的专机不包括在内。

（2）来往我国内地与香港、澳门、台湾的民航机适用《舱单管理办法》。

（三）铁路列车

进出境列车是指进出关境的机车、客车、货车、邮政车、行李车、发电车、守车和轨道车等。

（四）公路车辆

公路车辆包括进出我国国境的用于载运货物、物品及旅客的境内车辆和外籍车辆，以及来往内地与我国香港、澳门间的车辆。

三、谁传输舱单数据

《海关法》第十四条规定：“进出境运输工具到达或者驶离设立海关的

地点时，运输工具负责人应当向海关如实申报，交验单证，并接受海关监管和检查。”这里所指“单证”就包括舱单。海关要求的是在规定的时限内传输舱单数据，那进出境运输工具舱单的传输由谁来实施呢？是船长（机长），还是船舶代理公司（航空器代理公司）呢？除了运输工具负责人可以传输舱单数据外，还有其他哪些人可以传输舱单数据呢？

海关将舱单数据传输的传输人分为两类，即舱单数据传输人和与舱单相关的数据传输人。

（一）舱单数据传输人

1. 运输工具负责人

根据《海关法》，运输工具负责人是法定传输义务人，主要包括：对运输工具负有责任的运输工具所有人、承租人，以及运输工具最高职务的自然人，即船长、机长、列车长、司机。

2. 运输工具负责人的代理人

这是对运输工具负责人的延伸，运输工具负责人的代理人可以在授权范围内成为舱单数据传输主体。在舱单传输过程中，具体包括以下企业：

（1）船舶：无船承运业务经营人、船舶代理企业等能够对外签发提单的企业。

（2）航空器：航空公司的地面代理企业、货运代理企业、快件运营人等能够对外签发航空总提单或分运单的企业。

（3）铁路：车站等能够对外签发铁路运单的企业。

（4）公路：公路运输货物代理企业。

（二）与舱单相关的数据传输人

国际物流在进出境作业环节所产生的运抵、分拨分流、理货和结关等作业，需要向海关提供电子数据，海关将此类数据称为与舱单相关的数据。运输工具负责人、监管场所经营人、理货部门和发货人等需要将多种渠道的物流信息和流向发送给海关，海关将这些信息与舱单相互校验、印证，这些相关数据包括运抵报告、分拨分流申请、理货报告和结关申请。海关将此类数据的传输人称为与舱单相关的数据传输人。

（1）运抵报告数据的传输人：海关监管场所经营人。简单地说，运抵报告是指出口货物运抵监管场所后，监管场所经营人传输的入场记录，经营企业在出口报关单申报时必须有货物的运抵报告，才能进行正常申报及现场递单。

（2）理货报告数据的传输人：理货部门和海关监管场所经营人。理货报告有两个传输人，理货部门为第一传输人，如理货部门无法传输，监管场所经营人作为第二传输人向海关传输理货报告。

（3）分拨分流申请的传输人：监管场所经营人。

（4）结关申请的传输人：运输工具的负责人。

（5）装箱清单数据的传输人：出口货物的发货人。

四、注意事项

（一）规定时限向传输舱单及相关的电子数据

（1）进出境运输工具负责人、无船承运业务经营人、货运代理企业、船舶代理企业、邮政企业及快件经营人等舱单电子数据传输义务人（以下统称“舱单传输人”），应当按照海关备案的范围在规定时限向海关传输舱单及相关电子数据。

（2）海关监管场所经营人、理货部门、出口货物发货人等舱单相关电子数据传输义务人，应当在规定时限向海关传输舱单相关电子数据。

小贴士 因计算机故障等特殊情况，无法向海关传输舱单及相关电子数据的，经海关同意，可以采用纸质形式在规定时限向海关递交有关单证。

（二）海关接收舱单传输的时间点如何计算

海关确认接受舱单传输的两个时间点：一是进口舱单电子数据的传输时间，是以海关接受原始舱单主要数据传输的时间为准；二是出口舱单电子数据的传输时间，是以海关接受预配舱单电子数据传输的时间为准。

海关提醒 海关接受舱单申报时间，并非舱单申报人发送数据时间。目前，海关舱单系统设计流程是接收舱单申报人传输数据后，首先运用计算机进行数据的完整性校验和逻辑校验后，海关计算机自动发送接受舱单申报回执。在这里，海关计算机发出确认接受申报时间才是海关接受舱单传输的时间。

（三）舱单编号的规定

舱单中的提（运）单编号 2 年内不得重复。

（四）企业对纸质舱单等单证的保管年限

自海关接受舱单等电子数据之日起 3 年内，舱单传输人、海关监管场所经营人、理货部门，应当妥善保管纸质舱单、理货报告、运抵报告及相关账册等资料。

（五）双方对于舱单保密的权利与义务

（1）舱单传输人可以书面向海关提出为其保守商业秘密的要求，并具体列明需要保密的内容。

（2）海关应当按照国家有关规定承担保密义务，妥善保管舱单传输人及相关义务人提供的涉及商业秘密的资料。

海关提醒 对未按照《舱单管理办法》规定传输舱单及相关电子数据的，海关可以暂不予办理运输工具进出境申报手续。违反《舱单管理办法》，构成走私行为、违反海关监管规定行为或者其他海关法行为的，由海关依照《海关法》和《海关行政处罚实施条例》的有关规定予以处理；构成犯罪的，依法追究刑事责任。

第二节　舱单备案

企业备案，就是将企业的一些信息在海关进行登记留底，备案只是海关获取数据传输人的基本信息，便于海关的管理，并非行政许可，无须按照行政许可进行审批。海关对备案数据实行电子联网、数据共享，即一地备案、全国共享，舱单及相关数据传输人无须在各个口岸分别备案。企业需要传输舱单电子数据，就应向当地海关办理备案手续。本节向大家介绍谁去备案、去哪里备案、怎样备案和变更以及备案需要准备哪些文件。

一、谁要去办理备案手续

舱单传输人、监管场所经营人、理货部门、出口货物发货人应当向其经营业务所在地直属海关或者经授权的隶属海关备案。

小贴士　舱单传输人在境内设有分支机构的，应当将分支机构地址、联系人和联系方式进行备案登记；

海关在接受出口货物发货人首次传输装箱清单时，对出口货物发货人实施自动备案管理。

二、去哪里办理备案手续

《舱单管理办法》明确规定，舱单传输人、监管场所经营人、理货部门、出口货物发货人应当向其经营业务所在地直属海关或者经授权的隶属海关备案。

（1）经营业务所在地。所谓经营业务所在地就是目前实际运营的运输工具经常进出境的口岸地点，不等同于企业注册所在地。

（2）直属海关或其授权的隶属海关。海关实行垂直领导的体制。海关机构设置一般为海关总署、直属海关、隶属海关三级。负责办理备案的机构为直属海关或经授权的隶属海关。

三、怎样办理备案

（1）备案申请人向其经营业务所在地直属海关或者经授权的隶属海关申请备案，递交齐全且符合法定形式的备案文件。

（2）海关受理备案申请，经审核通过的，海关予以办理备案手续。

四、备案应提交的单证

舱单及相关电子数据传输人办理备案手续时，应该提交以下单证，提交复印件的，应当提供正本供海关验核。

（一）航空地面代理企业备案

（1）备案登记表；

（2）提（运）单的样本；

（3）企业印章及相关业务印章的印模；

（4）行政主管部门核发的许可证件或者资格证件的复印件；

（5）“中华人民共和国组织机构代码证”复印件；

（6）营业执照（正副本）复印件；

（7）航空公司授权的委托书和地面代理协议复印件；

（8）海关需要的其他文件。

（二）航空货运代理企业备案

（1）备案登记表；

（2）提（运）单的样本；

（3）企业印章及相关业务印章的印模；

（4）国际货物运输代理企业批准证书复印件；

（5）“中华人民共和国组织机构代码证”复印件；

（6）营业执照（正副本）复印件；

（7）海关需要的其他文件。

（三）境内航空运输企业备案

（1）备案登记表；

（2）提（运）单的样本；

（3）企业印章及相关业务印章的印模；

（4）公共航空运输企业经营许可证（复印件）；

（5）“中华人民共和国组织机构代码证”复印件；

（6）营业执照（正副本）复印件；

（7）海关需要的其他文件。

（四）境外航空运输企业备案

（1）备案登记表；

（2）提（运）单的样本；

（3）企业印章及相关业务印章的印模；

（4）行政主管部门核发的许可证件或者资格证件的复印件；

（5）“中华人民共和国组织机构代码证”复印件；

（6）经营许可证复印件；

（7）外国企业常驻代表机构登记证复印件；

（8）境外航空运输企业总部法定代表人或者经其书面授权人员签发的申请书；

（9）海关需要的其他文件。

（五）空运监管场所经营人备案

（1）备案登记表；

（2）企业印章及相关业务印章的印模；

（3）行政主管部门核发的许可证件或者资格证件的复印件；

（4）“中华人民共和国组织机构代码证”复印件；

（5）“中华人民共和国海关监管场所注册登记证书”复印件；

(6) 海关需要的其他文件。

(六) 船舶代理公司备案

(1) 备案登记表;
(2) 提(运)单和装货单的样本;
(3) 企业印章及相关业务印章的印模;
(4) 行政主管部门核发的许可证件或者资格证件的复印件;
(5)"中华人民共和国组织机构代码证"复印件;
(6) 营业执照(正副本)复印件;
(7) 海关需要的其他文件。

(七) 船舶负责人备案

(1) 备案登记表;
(2) 提(运)单和装货单的样本;
(3) 企业印章及相关业务印章的印模;
(4) 行政主管部门核发的许可证件或者资格证件的复印件;
(5)"中华人民共和国组织机构代码证"复印件;
(6) 营业执照(正副本)复印件;
(7) 海关需要的其他文件。

(八) 海运监管场所经营人备案

(1) 备案登记表;
(2) 行政主管部门核发的许可证件或者资格证件的复印件;
(3) 海关需要的其他文件。

(九) 理货部门备案

(1) 备案登记表;
(2) 行政主管部门核发的许可证件或者资格证件的复印件;
(3)"中华人民共和国组织机构代码证"复印件;
(4) 营业执照(正副本)复印件;

（5）海关需要的其他文件。

（十）无船承运人备案

（1）备案登记表；
（2）提（运）单和装货单的样本；
（3）企业印章及相关业务印章的印模；
（4）行政主管部门核发的许可证件或者资格证件的复印件；
（5）“中华人民共和国组织机构代码证”复印件；
（6）营业执照（正副本）复印件；
（7）海关需要的其他文件。

五、备案变更手续

经海关备案的舱单传输人及舱单相关数据传输人，当备案信息发生改变的时候，传输人应当在规定的期限内向备案地海关办理备案信息的变更手续。备案变更时，传输人需要提交书面申请，说明变更内容及原因，并提交相关的证明文件。

小贴士 （1）因备案不是行政许可，如无虚假，海关应当予以变更；

（2）申请注销备案的，应当在所传输的舱单电子数据及舱单相关电子数据全部处理完结之后，才能办理注销手续。

第三节 进境舱单

运输工具进境过程中，何时传输舱单电子数据呢？没有传输舱单数据能否抵达目的港后卸货呢？如果溢卸或误卸货物应当怎样处置呢？本节将向大家介绍运输工具动态报告，货物、物品以及旅客的原始舱单的传输、理货报告和分拨、疏港分流等手续，以及超期未报、溢卸或误卸货物的处置以及办理程序。

一、运输工具进境动态传输

运输工具进境过程中，运输工具负责人应当将运输工具的动态信息，按照进境的时序通知海关。动态信息包括预报动态、确报动态和抵港确认信息。

（一）预报动态

当运输工具计划进入我国前，运输工具负责人应当清楚地计划停靠的目的港，在原始舱单电子数据传输以前，将运输工具预计抵达境内目的港的时间通知海关，也可以通过运输工具的代理人通知海关。对于多目的港的，运输工具负责人应当逐一通知目的港所在地的海关。

（二）确报动态

当运输工具进入我国国境后，抵达目的港以前，运输工具负责人应当将运输工具的确切抵港时间通知海关。如果运输工具进入我国国境后抵达目的港的时间很短，运输工具负责人就应当将运输工具进入我国国境前通知海关，确报动态至少要提前2个小时。

（三）抵港确认

当运输工具抵达设立海关的地点时，运输工具负责人应当向海关进行运输工具抵港申报，等待海关是否给予准装或准卸货物的指令。

海关提醒

《海关法》第十六条规定，进出境船舶、火车、航空器到达和驶离时间、停留地点、停留期间更换地点以及装卸货物、物品时间，运输工具负责人或者有关交通运输部门应当事先通知海关。

二、货物、物品原始舱单传输

原始舱单是指舱单传输人向海关传输的反映进境运输工具装载货物、物品或者乘载旅客信息的舱单。《舱单管理办法》通过规定舱单等电子数据在各个环节的传输时限，改变原有的一次传输方式，对物流各个环节的作业所产生的数据进行收集、串联、整合形成海关舱单，使舱单信息更具准确性和可靠性。

（一）货物、物品原始舱单传输的时限要求

进境运输工具载有货物、物品的，舱单传输人应当在规定的时限内向海关传输原始舱单主要数据，采用不同运输方式的规定时限不同。舱单传输人应当在进境货物、物品运抵目的港以前向海关传输原始舱单其他数据。

1. 船舶运输的

（1）集装箱货物，在开始装船的24小时以前；

（2）非集装箱货物，在抵达境内第一目的港的24小时以前；

（3）集装箱货物与非集装箱货物混装的，应当按照第（1）、（2）项分别传输；

（4）来往港、澳小型船舶承载的货物，在开始装载货物的2小时以前；

（5）调拨进境的空箱，在船舶抵达目的港以前；

（6）临时计划转运货物进境，由进境地海关审核同意后，可在船舶抵港以前；

（7）进境航程24小时以内的近洋运输非集装箱船舶，在船舶抵达境内第一目的港以前；

（8）集装箱货物经境外港口转运的，在最后一个境外转运港装船的24小时以前。

2. 航空运输的

航程4小时以下的，航空器起飞前；航程超过4小时的，航空器抵达

境内第一目的港的4小时以前。

3. **铁路运输的**

铁路列车抵达境内第一目的站的2小时以前。

4. **公路运输的**

公路车辆抵达境内第一目的站的1小时以前。

以汉堡到大连的集装箱船舶为例，目前，船公司或船代在船舶抵达大连港前24小时内向海关传输进口舱单电子数据即可。新的舱单管理办法要求，在汉堡装船24小时前就要向中国海关传输舱单数据。对于出口而言，现行船舶离港后72小时内申报“清洁舱单”，新办法提出“装载舱单”要求舱单传输人在运输工具开始装载货物、物品的30分钟以前向海关传输装载舱单电子数据。

以海运为例，新的舱单管理办法不再仅是对舱单本身的管理，而是延伸至对整个物流链的管理，从运输工具进境的预报、抵港申报、卸货到出境的装箱、配载、装货涵盖了物流全过程，涉及船公司、无船承运业务经营人、船代、海关监管场所、理货公司、货主等多方面。

（二）接到海关反馈信息该如何处置

海关接到原始舱单及相关数据后，以电子数据方式向舱单传输人反馈审核结果。反馈结果包括接受、不接受及原因、不准予装载、不准予卸载、待海关人工审核等审核结果。海关因故无法以电子数据方式通知的，会以传真、电话、当面通知等方式通知舱单传输人。

（1）海关反馈审核结果是接受的，表示海关接受和审核原始舱单及相关数据未见异常，传输人不需要做任何处置。

（2）海关反馈审核结果是不接受及原因的，表示海关审核原始舱单及相关数据发现异常并说明原因，传输人应当根据原因进行核查、更正，并重新传输舱单数据。

（3）海关反馈审核结果是不准予装载的，表示海关审核原始舱单及相关数据所装载货物、物品等不符合国家管理规定，运输工具不得装载此类货物、物品等。

在监管实践中，对于我国法律、行政法规列明的禁止进境的货物、物品，一方面承运人应当有义务拒绝承载，另一方面海关发现运输工具载有有害于我国政治、经济、文化、环境的货物，物品的也有义务及时通知给承运人。

（4）海关反馈审核结果是不准予卸载的，表示海关审核原始舱单及相关数据所装载货物、物品等不符合国家管理规定，运输工具不得卸载此类货物、物品等。

（5）海关反馈审核结果是待海关人工审核等审核结果的，表示海关审核原始舱单及相关数据存在不确定的情况，传输人应当耐心等待审核结果。

海关提醒

①海关发现原始舱单中列有我国禁止进境的货物、物品，可以通知运输工具负责人不得装载进境。

②对于海关反馈审核结果是不准予装载或不准予卸载的，舱单传输人应当及时通知运输工具负责人不给予装载或卸载。

③如果运输工具负责人故意装载或卸载此类货物、物品等，违反《舱单管理办法》，构成走私行为，违反海关监管规定行为或者其他违反《海关法》行为的，由海关依照《海关法》和《海关行政处罚实施条例》的有关规定予以处理；构成犯罪的，依法追究刑事责任。

（三）货物、物品原始舱单传输的注意事项

（1）舱单传输人应当将原始舱单同一总提单项下的所有分提单数据一次性传输，分次传输后海关可能反馈的审核结果为不接受。

（2）当舱单传输人收到海关以总提单为单元通知不准予卸载的，该总提单所列货物或该总提单项下所有的分提单所列的货物均不得卸载。

（3）对于列入《中华人民共和国禁止进出境物品表》的物品，运输工具负责人应当不得装载进境。如果海关发现原始舱单中列有我国禁止进境的货物、物品，可以通知运输工具负责人不得装载进境。

（4）关于进境航空器所载货物、物品的舱单传输：

①原始舱单应当由航空运输企业或其地面代理企业向海关传输；

②航空运输企业接受货运代理企业委托承运的，由货运代理企业向海关传输其所代理的货物总运单和分运单的预配电子数据舱单；

③经营不定期飞行，且未在海关备案的境外航空运输企业，应委托经海关备案的境内代理企业向海关传输舱单电子数据。

小贴士 舱单传输人接受海关反馈审核结果是接受后，收货人、受委托报关企业方可向海关办理货物、物品的申报手续。

海关提醒

①对于过境货物，舱单及相关电子数据传输人应当按照《舱单管理办法》的规定传输进境舱单及相关电子数据；

②对于转运货物，舱单传输人应当向海关传输原始舱单、理货报告等电子数据；

③对于通运货物，舱单及相关电子数据传输人暂不传输舱单及相关电子数据；

④对于未载有货物、物品的航空器，不需向海关传输舱单及相关电子数据。

（5）关于进境船舶所载货物、物品舱单传输：

①多票货物集（拼）在同一集装箱中的进口货物，舱单传输人应当同时传输该集装箱内的所有分提单舱单电子数据；

②同一船舶载有集装箱货物和非集装箱货物进境的，舱单传输人应当按照《舱单管理办法》第九条第（一）项规定的集装箱船舶和非集装箱船舶传输时限分别传输原始舱单数据；

③进口转关货物，除装箱清单外，舱单及相关电子数据传输人应当向进境地海关传输舱单及相关电子数据；

④境内无法人资格的船舶运输企业，应委托已在海关备案的境内船舶代理企业向海关传输舱单。

小贴士 对于过境货物，舱单及相关电子数据传输人应当按照《舱单管理办法》的规定传输进境舱单及相关电子数据；

对于通运货物，舱单及相关电子数据传输人暂不需传输舱单及相关电子数据；

对于未载有货物、物品的船舶，不需向海关传输舱单及相关电子数据。

海关提醒 对于临时计划转运货物进境，舱单传输人可以向直属海关申请，经海关审核同意后，在运输工具抵港前传输原始舱单。

三、旅客原始舱单传输

（一）旅客原始舱单传输的时限要求

进境运输工具载有旅客的，舱单传输人应当在下面规定的时限向海关传输原始舱单主要数据，采用不同运输方式的规定时限是不一样的。

1. 船舶运输的

船舶抵达境内第一目的港的 2 小时以前。

2. 航空运输的

航程在 1 小时以下的，航空器抵达境内第一目的港的 30 分钟以前；航程在 1~2 小时的，航空器抵达境内第一目的港的 1 小时以前；航程在 2 小时以上的，航空器抵达境内第一目的港的 2 小时以前。

3. 铁路运输的

铁路列车抵达境内第一目的站的 2 小时以前。

4. 公路运输的

公路车辆抵达境内第一目的站的 1 小时以前。

（二）接到海关反馈信息的该如何处置

海关接收原始舱单及相关数据后，以电子数据方式向舱单传输人反馈审核结果。反馈结果包括接受、不接受及原因、不准予下客、待海关人工审核等审核结果。海关以运单为单位向舱单传输人反馈原始舱单主要数据、其他数据的审核信息。海关因故无法以电子数据方式通知的，以传真、电话、当面通知等方式通知舱单传输人。

（1）海关反馈审核结果是接受的，表示海关接受和审核原始舱单及相关数据未见异常，传输人不需要做任何处置。

（2）海关反馈审核结果是不接受及原因的，表示海关审核原始舱单及相关数据发现异常并说明原因，传输人应当及时根据海关的反馈结果进行核实、变更，并重新传输舱单数据。

（3）海关反馈审核结果是不准予下客的，表示海关审核原始舱单及相关数据不符合国家管理规定，运输工具不得准予下客。

（4）海关反馈审核结果是待海关人工审核等审核结果的，表示海关审核原始舱单及相关数据存在不确定的情况，传输人应当耐心等待审核结果。

（三）对进境航空器所载旅客舱单传输的注意事项

（1）除国家元首或政府首脑乘坐的专机（未装载普通客货的）外，旅客舱单及相关数据传输义务人应按照《舱单管理办法》的有关规定，向海关传输所有进境航空器所载旅客（包括过境旅客）舱单及相关电子数据。

（2）航空器未载有旅客的，旅客舱单传输义务人不需传输旅客舱单电子数据。

（3）旅客原始舱单数据应由航空运输企业或其代理企业向海关传输。

四、进境理货报告

理货报告是指海关监管场所经营人或者理货部门对进出境运输工具所载货物、物品的实际装卸情况予以核对、确认的记录。

（一）谁传输理货报告

理货部门或者海关监管场所经营人传输理货报告。

（二）理货报告的提交时限

（1）理货部门或者海关监管场所经营人应当在进境运输工具卸载货物、物品完毕后的6小时内以电子数据方式向海关提交理货报告。

（2）需要二次理货的，经海关同意，可以在进境运输工具卸载货物、物品完毕后的24小时内以电子数据方式向海关提交理货报告。

小贴士 对于二次理货的问题，主要考虑部分液态货物运输途中需要加压降温，需要卸货稳罐一段时间后方能进行理货，故经海关同意可以延长到卸货后24小时传输。

（三）海关反馈信息

接受理货报告后，海关将原始舱单与理货报告进行核对，以电子数据方式向理货报告传输人、舱单传输人反馈审核结果。

对于核对后不符数据所涉及货物的处理问题，由于不符数据原因较多，需要甄别处理，归结起来可有两类：一类是原始舱单数据错误；另一类是理货报告数据错误。

（1）原始舱单数据错误的，处理方式有三种：一是按照《舱单管理办法》第十五条明确责令直接退运；二是涉及走私的按照《舱单管理办法》第三十七条处理；三是其他按照《舱单管理办法》第四章的有关规定处理。

（2）理货报告数据错误的，有两种处理方式：一是按照《舱单管理办法》第三十七条规定处理；二是不符合《舱单管理办法》第三十七条规定的，可以直接变更理货报告数据。

（四）提交理货报告的注意事项

（1）对于有溢卸、短卸、理货异常情况的，运输工具负责人应当在卸载货物、物品完毕后的48小时内，向海关提交书面情况说明及相关证明材料；如果理货部门的理货报告出现错误的，理货部门应当向海关提交书面报告说明及相关证明材料。

(2) 理货正常的，方予办理货物、物品的查验、放行或分拨、疏港分流手续。

小贴士 海关接受理货报告后，对原始舱单中未列名的进境货物、物品，可以责令原船舶负责人直接退运。

五、分拨手续

分拨是指监管场所经营人将进境货物、物品从一海关监管场所运至另一海关监管场所的行为。客观地讲，分拨货物就是货物在两个监管区之间的位移。在实际监管过程中，分拨货物包括三类：一是由港区、机场、车站等卸货地点分拨到其他监管场所；二是航空运输货物、铁路运输货物从一级监管仓库转运到二级监管仓单；三是从一个监管地点转移到另一个监管地点，对集装箱进行拆箱，分票作业。

分拨手续包括提交分拨申请、海关审批、分拨和理货四个步骤：

(1) 提出分拨申请：进境货物、物品需要分拨的，舱单传输人应当以电子数据方式向海关提出分拨货物、物品申请。

(2) 海关审批：分拨申请经海关同意后方可分拨。

(3) 分拨：分拨过程中，监管场所经营人应当满足海关的监管条件。分拨货物、物品运抵海关监管场所时，海关监管场所经营人应当以电子数据方式向海关提交分拨货物、物品运抵报告。

(4) 理货：在分拨货物、物品拆分完毕后的 2 小时内，理货部门或者海关监管场所经营人应当以电子数据方式向海关提交分拨货物、物品理货报告。

海关提醒 分拨货物、物品提交理货报告后，海关才给予办理货物、物品的查验与放行手续。

六、疏港分流

当监管场所出现货物、物品大量积压或过多运输工具导致阻塞港口，根据港口行政管理部门的决定，需要将相关货物、物品疏散到其他海关监管场所的时候，监管场所经营人可以向海关办理疏港分流手续。

疏港分流手续包括提交疏港分流申请、海关审批、疏港分流三个步骤：

（1）提出疏港分流申请：货物、物品需要疏港分流的，海关监管场所经营人应当以电子数据方式向海关提出疏港分流申请。

（2）海关审批：疏港分流申请经海关同意后方可疏港分流。

（3）疏港分流：分拨过程中，监管场所经营人应当满足海关的监管条件。分拨货物、物品运抵海关监管场所时，海关监管场所经营人应当以电子数据方式向海关提交分拨货物、物品运抵报告。

海关提醒 疏港分流货物、物品提交运抵报告后，海关才给予办理货物、物品的查验与放行手续。

七、进境旅客及其行李物品的结关

进境旅客及其行李物品必须按照海关规定办理结关手续，办理结关申请手续时需要提供实际下客人数、托运行李物品提取数量及未运抵行李物品数量。进境航空器所载旅客及托运行李物品结关申请数据，应由航空运输企业或者海关监管场所经营人向海关传输。旅客及托运行李物品结关申请分为纸质结关申请和电子数据结关申请，以海关接收到两种申请中最后到达的申请时间为准。

进境运输工具载有旅客的，应当在进境运输工具下客完毕后3小时内，向海关提交进境旅客及其行李物品结关申请。

海关接受结关申请后，核对原始舱单与结关申请无误的，海关可以办理结关手续；如果海关核对原始舱单与结关申请不相符的，运输工具负责人或者海关监管场所经营人应当在进境运输工具下客完毕后24小时内，向海关报告不相符的原因。

海关提醒 对于无人认领的托运行李物品，运输工具负责人或者海关监管场所经营人应当将物品转交海关处理。

第四节　出境舱单

企业将货物运抵海关监管区后，备齐海关所需单证向海关申报报关单，待货物单证放行后，船公司就将出口舱单数据传送海关，海关物流监控部门监控运输工具装货后出境。在运输工具出境过程中，何时传输预配舱单、理货报告电子数据呢？没有运抵报告能否申报报关单？本节将向您介绍出境的装箱清单、运抵报告、预配舱单、理货报告以及装（乘）载舱单的传输和处置程序。

一、装箱清单传输

（一）什么是装箱清单

装箱清单是指反映以集装箱运输的出境货物、物品在装箱以前的实际装载信息的单据。

（二）谁来传输装箱清单以及装箱清单的传输要求

（1）以集装箱运输的货物、物品，出口货物发货人应当在货物、物品装箱以前，按照《舱单管理办法》规定的内容、格式向海关传输装箱清单电子数据。

（2）一个集装箱装载多票出口货物、物品的，应当一次性向海关传输装箱清单电子数据。

（3）出口货物在出境地海关办理申报手续的，出口货物发货人应当向出境地海关传输装箱清单电子数据。

（4）出口转关货物，出口货物发货人应当向起运地海关传输装箱清单电子数据。

小贴士 对于未向海关传输装箱清单电子数据的，可在办理通关手续时，向海关递交纸质装箱清单。

二、货物、物品预配舱单传输

预配舱单是指反映出境运输工具预计装载货物、物品或者乘载旅客信息的舱单，也是指船代公司依据出口公司订舱信息生成预配舱单数据。预配舱单的报文与进口舱单、出口清洁舱单的报文格式一样，并向海关提前发送。海关在企业报关时，验核报关单对应的预配舱单数据，无误后办理相关通关手续。

预配舱单是清洁舱单和海关报关单相互核对的重要准备环节，确保了报关单和出口货物一一对应。如果舱单和报关单不一致，将影响货物出运，以及后面的核销退税等环节。

（一）货物、物品预配舱单传输的时限要求

预配舱单可以分主要数据、其他数据来传输，它们的传输有不同的时限要求。

1. 预配舱单主要数据的传输时限

出境运输工具预计载有货物、物品的，舱单传输人应当在办理货物、物品申报手续以前向海关传输预配舱单主要数据。

2. 预配舱单其他数据的传输时限

海关接收到预配舱单主要数据传输后，舱单传输人应当在下列时限向海关传输预配舱单其他数据：

（1）集装箱船舶装船的24小时以前；

（2）非集装箱船舶在开始装载货物、物品的2小时以前；

（3）同一船舶载有集装箱货物和非集装箱货物进境的，应当按照第（1）、（2）项分别传输；

（4）来往港、澳小型船舶在开始装载货物、物品的 4 小时以前；

（5）调拨出境的空箱，在空箱装船的 2 小时以前；

（6）临时计划转运货物出境，在转运货物出境装船前 2 小时以前；

（7）航空器在开始装载货物、物品的 4 小时以前；

（8）铁路列车在开始装载货物、物品的 2 小时以前；

（9）公路车辆在开始装载货物、物品的 1 小时以前。

（二）接到海关反馈信息该如何处置

当海关接收到预配舱单主要数据和其他数据传输后，海关以总提单为单元向舱单传输人反馈审核结果。反馈的审核结果有接受传输、不接受传输、待海关人工审核等审核结果。

（1）海关反馈审核结果是接受传输的，表示海关接受和审核预配舱单及相关数据未见异常，传输人不需要做任何处置。

（2）海关反馈审核结果是不接受传输的，表示海关审核预配舱单及相关数据发现异常并说明原因，传输人应当根据海关反馈的原因进行核查、更正，并重新传输舱单数据。

（3）海关反馈审核结果是待海关人工审核的，表示海关审核预配舱单及相关数据存在不确定的情况，需转海关人工进行审核，传输人应当耐心等待审核结果。

海关提醒 海关接收到预配舱单主要数据传输后，方予办理出口货物、物品的报关手续。海关接收到预配舱单其他数据传输后，方予以办理出口货物、物品放行手续。

小贴士 海关因故无法以电子数据方式通知传输人的，将以传真、电话、当面通知等方式通知舱单传输人。

（三）货物、物品预配舱单传输的注意事项

（1）过境货物，舱单及相关电子数据传输人应当按照《舱单管理办法》的规定传输出境舱单及相关电子数据。

（2）通运货物，舱单及相关电子数据传输人暂不需传输舱单及相关电子数据。

（3）出口转关货物，除装箱清单外，舱单及相关电子数据传输人应当向出境地海关传输舱单及相关电子数据。

（4）未载有货物、物品的运输工具，不需向海关传输舱单及相关电子数据。

（5）载运货物、物品的出境航空器舱单传输主体的规定：

①预配舱单的总（分）运单数据及装载舱单应当由航空运输企业或其地面代理企业向海关传输；

②航空运输企业直接接受出口货物发货人委托承运的，由航空运输企业或其地面代理向海关传输总运单的预配电子数据舱单；

③航空运输企业接受货运代理企业委托承运的，由货运代理企业向海关传输其所代理的货物总运单和分运单的预配电子数据舱单；

④经营不定期飞行，且未在海关备案的境外航空运输企业，应委托经海关备案的境内代理企业向海关传输舱单电子数据。

海关提醒 出境来往中国香港、澳门小型船舶，舱单传输人在开始装载货物、物品的4小时以前，向海关传输预配舱单电子数据。

三、旅客预配舱单的传输

旅客预配舱单是指反映出境运输工具预计乘载旅客信息的舱单。

（一）旅客预配舱单传输的时限要求

出境运输工具预计载有旅客的，舱单传输人应当在出境旅客开始办理

登机（船、车）手续的1小时以前向海关传输预配舱单电子数据。

（二）接到海关反馈信息该如何处置

海关接收到预配旅客预配舱单及相关数据后，以电子数据方式向舱单传输人反馈审核结果。反馈结果包括接受、不接受及原因、不准予上客、待海关人工审核等审核结果。

（1）海关反馈审核结果是接受传输的，表示海关接受和审核旅客预配舱单及相关数据未见异常，传输人不需要做任何处置。

（2）海关反馈审核结果是不接受传输的，表示海关审核旅客预配舱单及相关数据发现异常并说明原因，传输人应当根据海关反馈的原因进行核查、更正，并重新传输舱单数据。

（3）海关反馈审核结果是不准予上客的，表示海关审核旅客预配舱单及相关数据存在不符合国家管理相关规定，运输工具不得乘载相关旅客。

（4）海关反馈审核结果是待海关人工审核的，表示海关审核旅客预配舱单及相关数据存在不确定的情况，需转海关人工进行审核，传输人应当耐心等待审核结果。

海关提醒 海关接收到旅客预配舱单主要数据传输后，运输工具方可为旅客办理登机（船、车）手续。

小贴士 海关因故无法以电子数据方式通知的，将以传真、电话、当面通知等方式通知舱单传输人。

（三）出境航空器所载旅客舱单传输的注意事项

（1）除国家元首或政府首脑乘坐的专机（未装载普通客货的）外，旅客舱单及相关数据传输义务人应按照《舱单管理办法》的有关规定，向海关传输所有出境航空器所载旅客（包括过境旅客）舱单及相关电子数据。

（2）航空器未载有旅客的，旅客舱单传输义务人不需传输旅客舱单电子数据。

（3）旅客预配舱单数据应由航空运输企业或其代理企业向海关传输。

四、运抵报告

运抵报告、舱单和报关单之间有没有联系？有。运抵报告是指进出境货物、物品运抵海关监管场所时，海关监管场所经营人向海关提交的反映货物、物品实际到货情况的记录；企业在出口过程中，船舶公司做舱单在运抵港口前传输到海关；运抵报告是货物到了运送场地，由监管场所发送的运抵报告，有运抵报告和舱单才能正式报关。

（一）传输运抵报告的时限要求

进出境货物、物品运抵海关监管场所时，传输运抵报告。

（二）接到海关反馈信息该如何处置

海关接收到运抵报告电子数据后，与预配舱单电子数据进行校验，以电子数据方式向运抵报告传输人、预配舱单传输人反馈审核结果。反馈结果包括正常到货、核对不符的审核结果。

（1）海关反馈审核结果是正常到货的，传输人不需要做任何处置。

（2）海关反馈审核结果是核对不符的，舱单传输人或监管场所经营人提交书面情况说明及相关证明材料，经海关审核同意后进行修改或删除。

（三）运抵报告传输的注意事项

（1）以分运单报关的，出境分运单货物、物品全部运抵海关监管场所后，监管场所经营人应按规定的数据格式向海关传输分运单运抵报告电子数据。出境总运单货物、物品全部运抵海关监管场所后，监管场所经营人应当按规定的数据格式向海关传输总运单运抵报告电子数据。

（2）出口货物采取边运抵边装船的，经海关船边实际验核后，即视为货物运抵，应向海关传输运抵报告。运抵报告传输后，货物、物品应当在3 日内装载完毕。

海关提醒

（1）运抵报告提交后，正常到货的，海关方予办理对应货物、物品的查验、放行手续。

（2）海关审核情况正常的，可接受舱单传输人或舱单相关数据传输义务人提出的申请，对相关电子数据进行修改或删除。

小贴士

（1）海关接收以提单为单位传输的运抵报告，以分提单传输的应当注明总提单号。

（2）对于集装箱货物，海关允许监管场所经营人以集装箱为单位分批传输运抵报告。

五、装载舱单

装载舱单是指反映出境运输工具实际配载货物、物品信息的舱单。以海运船舶运输为例来讲述装载舱单，按照一般港口惯例，船舶在装货前，大副会根据本航次的货物、装卸港顺序、货物特性、船舶稳性、预计航程等情况制作预配载图（Initial Stowage Plan），但不是每次实际装货都会很顺利，一旦装货过程中发现需要变更货物装载的位置，则需要变更配载方案，而完成装货后出具的配载图就是最终有效的舱单，也就是 Final Stowage Plan，这就是实际的装载舱单。装载舱单是发货方货物装船后，船运公司向发货方提供的收货凭证，如果运输过程中货物没有发生任何意外，这个单据就基本上没有用处。

（一）谁来传输装载舱单

舱单传输人，即进出境运输工具负责人、无船承运业务经营人、货运代理企业、船舶代理企业、邮政企业以及快件经营人等舱单电子数据传输义务人。

（二）装载舱单传输的时限要求

舱单传输人应当在运输工具开始装载货物、物品的30分钟以前，向海关传输装载舱单电子数据。

（三）接到海关反馈信息该如何处置

海关接收到装载舱单及相关数据后，以电子数据方式向舱单传输人反馈审核结果。反馈结果包括接受、不接受及原因、不准予装载、待海关人工审核等审核结果。

（1）海关反馈审核结果是接受传输的，表示海关接受和审核装载舱单及相关数据未见异常，准予运输工具装载货物、物品。

（2）海关反馈审核结果是不接受传输的，表示海关审核装载舱单及相关数据发现异常并说明原因，传输人应当根据海关反馈的原因进行核查、更正，并重新传输舱单数据。

（3）海关反馈审核结果是不准予装载货物、物品的，表示海关审核装载舱单及相关数据存在不符合相关规定，运输工具不得装载相关货物、物品。

（4）海关反馈审核结果是待海关人工审核的，表示海关审核装载舱单及相关数据存在不确定的情况，需转海关人工进行审核，传输人应当耐心等待审核结果。

海关提醒

有下列情形的，海关不接受装载舱单电子数据的传输：

（1）装载舱单中没有总运单运抵报告电子数据的；

（2）总运单未经海关放行；

（3）装载舱单件数、重量大于运抵报告件数、重量；

（4）装载舱单未按规定时限传输。

六、乘载舱单的传输

乘载舱单是指反映出境运输工具实际载有旅客信息的舱单。那么，谁来传输乘载舱单？接收到海关反馈信息应该如何处置？

（一）乘载舱单传输的时限要求

舱单传输人应当在旅客办理登机（船、车）手续后、运输工具上客以前，向海关传输乘载舱单电子数据。

（二）接到海关反馈信息该如何处置

海关接收到装乘舱单及相关数据后，以电子数据方式向舱单传输人反馈审核结果。反馈结果包括接受、不接受及原因、不准予上客、待海关人工审核等审核结果。

（1）海关反馈审核结果是接受传输的，表示海关接受和审核乘载舱单及相关数据未见异常，准予上客。

（2）海关反馈审核结果是不接受传输的，表示海关审核乘载舱单及相关数据发现异常并说明原因，传输人应当根据海关反馈的原因进行核查、更正，并重新传输舱单数据。

（3）海关反馈审核结果是不准予上客的，表示海关审核乘载舱单及相关数据存在不符合相关规定，运输工具不得上客。

（4）海关反馈审核结果是待海关人工审核的，表示海关审核乘载舱单及相关数据存在不确定的情况，需转海关人工进行审核，传输人应当耐心等待审核结果。

海关提醒

有下列情形的，海关不接受乘载舱单电子数据的传输：

（1）乘载舱单中没有总运单运抵报告电子数据的；

（2）总运单未经海关放行；

(3) 乘载舱单未按规定时限传输；

(4) 航空器所载旅客乘载舱单数据应由航空运输企业或其代理企业向海关传输。

七、运输工具出境动态报告

运输工具出境过程中，应当将驶离监管场所等动态信息向海关报告。《舱单管理办法》第二十六条第一款规定了运输工具申报动态的具体要求；第二款是对临时追加进出境运输工具申报动态的特例处理。

对运输工具负责人传输动态的要求是：

(1) 主体要求是运输工具负责人；

(2) 时限要求是在驶离设立海关的地点前24小时，本条所规定的申报时间是按照上述规定取最大范畴拟定的；

(3) 传输方式在此没有要求，海关系统处理的要求是以电子数据方式。

海关提醒 对于临时追加进出境的运输工具需要进出境的特例处理，即无法在2小时之内传输的，必须在运输工具驶离前通知海关。

八、出境理货报告

理货报告是指海关监管场所经营人或者理货部门，对出境运输工具所载货物、物品的实际装卸情况予以核对、确认的记录。

(一) 理货报告的提交时限

出境运输工具驶离装货港的6小时以内，海关监管场所经营人或者理货部门应当以电子数据方式向海关提交理货报告。

海关提醒 需接受中途监管站监管的来往港、澳小型船舶，理货部门或监管场所经营人在船舶起航前，应以电子数据方式向海关提交理货报告。

小贴士 出口理货报告电子数据可以采用以下方式向海关传输：

（1）仅提交总运单的理货报告；

（2）在总运单的理货报告提交后，一次性提交同一总运单项下所有分运单的理货报告。

（二）接到海关反馈信息该如何处置

海关接收到理货报告后，对理货报告电子数据与舱单电子数据进行对比审核，将审核结果以电子数据方式向理货报告提交人、舱单传输人反馈。反馈结果包括理货正常、不接受及原因、待海关人工审核等审核结果。

（1）理货正常的，办理对应货物、物品的结关手续。

（2）理货异常的，运输工具负责人或其代理人向海关提交书面情况说明及相关证明文件。涉及理货报告错误的，应随附理货部门、监管场所经营人的书面报告。舱单传输人或舱单相关数据传输义务人应提出申请，对相关电子数据进行修改或删除。

海关提醒

对于理货异常的，运输工具负责人或其代理人应当在装载货物、物品完毕后的48小时内，向海关提交书面情况说明及相关证明文件。

（三）出境理货报告传输的注意事项

（1）出境航班需在国内其他空港经停的，由出境航班原货物装货港向其主管海关以电子数据方式提交理货报告。出境航班所载货物需在国内其他空港转运出境的，由转运港向其主管海关以电子数据方式提交理货报告。

（2）需接受中途监管站监管的来往港、澳小型船舶所载货物、物品，海关反馈理货正常信息后方可起航。经中途监管站确认船舶离境后，方予办理对应货物、物品的结关手续。

（3）货物、物品分批运输出境的，监管场所经营人应当根据分批运输情况向海关传输理货报告电子数据。

九、运输工具结关

结关是指进口货物、出口货物和转运货物进入一国海关关境或国境必须向海关申报，办理海关规定的各项手续。载运进出口货物的各种运输工具进出境或转运，也均需向海关申报，办理海关手续，得到海关的许可。运输工具运载海关已经放行的货物，申请办结海关手续，而后进出境。没有办理结关手续的运输工具不能驶离海关监管场所和进出境。

何时才能办理结关手续？

（1）只有理货结果正常的，海关才给予办理对应货物、物品的结关手续。对分批运输的货物、物品，海关核对理货报告与装载舱单和运抵报告，确认其全部出境后，方可办理结关手续。

（2）出口转关货物全部运抵出境地监管场所后，出境地海关方予办理出口转关核销手续。货物实际装船离境的，出境地海关方予办理结关手续。

（3）需接受中途监管站监管的来往港、澳小型船舶所载货物、物品，海关反馈理货正常信息后方可起航。经中途监管站确认船舶离境后，方予办理对应货物、物品的结关手续。

（4）转关货物全部运抵出境地监管场所后，出境地海关方予办理出口转关核销手续。货物实际装船离境的，出境地海关方予办理结关手续。

海关提醒

①运输工具负责人应当在货物、物品装载完毕或者旅客全部登机（船、车）后向海关提交结关申请，经海关办结手续后，出境运输工具方可离境。

②对于乘载舱单与结关申请进行核对，对两者不相符的，以电子数据方式通知运输工具负责人。运输工具负责人应当在出境运输工具结关完毕后的24小时内向海关报告不相符的原因。

第五节 舱单变更

舱单变更是舱单业务中较为常见的业务类型。它指的是对舱单数据进行更改或删除的操作，包含了舱单传输人或舱单相关电子数据传输义务人向海关申请更改或删除舱单或相关电子数据、海关审核后更改或删除舱单或相关电子数据。

一、舱单变更的主体

舱单变更可由舱单传输人或舱单相关电子数据传输义务人自行变更（限于特定条件），也可通过向海关提出申请更改或删除后，由海关审核后更改或删除舱单或相关电子数据。

二、舱单的三种变更方式

（一）直接准予变更

已经传输的舱单电子数据需要变更的，舱单传输人可以在原始舱单和预配舱单规定的传输时限以前直接予以变更，这种变更也称为自动变更。

自由变更是舱单传输人无须经海关同意，可以直接对已传输的舱单进行变更。其前提是在原始舱单和预配舱单规定的传输时限以前，但是货物、物品所有人已经向海关办理货物、物品申报手续的除外。目的是鼓励舱单传输人在规定时间内主动纠正舱单数据，帮助海关在准确、完整、真实的舱单数据基础上提高风险管理的成效。

自由变更是第一种变更形式，明确本条的规定主要是为了鼓励提前申报舱单。有两层含义：一是在海关规定允许自由变更的时限内变更；二是采用重新发送正确舱单数据的方式覆盖原传输数据。

关于自由变更的条件：第一，只能对原始舱单和预配舱单进行变更。

第二，只能在规定的原始舱单、预配舱单传输时限以前。第三，货物、物品的所有人未向海关办理货物、物品申报手续的。

以下情形，可直接准予变更：

（1）在《中华人民共和国海关进出境运输工具舱单管理办法》规定的原始舱单主要数据传输时限以前，且原始舱单主要数据未被申报单证核注的；

（2）在进境货物、物品运抵卸货港前向海关传输的原始舱单其他数据，且原始舱单主要数据未被申报单证核注的；

（3）在《中华人民共和国海关进出境运输工具舱单管理办法》规定的预配舱单主要数据传输时限以前，且预配舱单主要数据未被申报单证核注的；

（4）在航空器开始装载货物、物品的 4 小时以前，在集装箱船舶装船的 24 小时以前，非集装箱船舶在开始装载的 2 小时以前向海关传输，且未被报关单证放行核销的其他预配舱单数据。

（二）海关审核变更

海关审核变更也称依申请变更，就是在原始舱单和预配舱单规定的传输时限后，由于超出舱单传输人控制能力的客观原因，造成舱单传输错误，舱单传输人可以向海关提出申请变更舱单，经海关审批同意后，由海关进行更改。目的是保障舱单传输人的合法权益，明确舱单数据传输不准确的免责情况。

有下列情形之一的，舱单传输人向海关递交舱单变更书面申请，经海关审核同意后，可以进行变更：

（1）货物、物品因不可抗力灭失、短损，造成舱单电子数据不准确的；

（2）装载舱单中所列的出境货物、物品，因装运、配载等原因造成部分或者全部货物、物品退关或者变更运输工具的；

（3）大宗散装货物、集装箱独立箱体内载运的散装货物的溢短装数量在规定范围以内的；

（4）其他客观原因造成传输错误的。

（三）处罚后变更

处罚后变更是舱单传输人未在规定时限内申报舱单数据或申报的舱单数据不真实，并且不能举证其行为可适用于《舱单管理办法》第三十一条所列的免责条款，海关认定其行为违反了《舱单管理办法》的规定，海关应按《舱单管理办法》第三十七条给予舱单传输人以处罚，并在需要变更舱单的情况下，对舱单中不实之处予以纠正。

三、舱单传输人向海关申请变更时应提交的文件

舱单传输人向海关申请变更货物、物品舱单时，应当提交下列文件：

（1）舱单变更申请表；

（2）提（运）单的复印件；

（3）加盖有舱单传输人公章的正确的纸质舱单；

（4）其他能够证明舱单变更合理性的文件。

海关提醒 提交上述文件复印件的，应同时出示原件供海关验核。舱单传输人可以在原始舱单和预配舱单规定的传输时限以前直接变更的，无须向海关提交上述文件。

小贴士 舱单传输人向海关申请变更旅客舱单时，应当提交上述第（1）、（3）、（4）项文件。申请舱单删除的，可不提交第（2）项文件。

四、舱单变更注意事项

（1）预配或原始舱单中总提单的货物重量未被项下分提单核销核尽的，申请修改总提单货物重量时，无须向海关申请反核注对应提单。舱单传输人可以向海关申请人工变更总提单货物重量，修改后的总提单货物重量不得小于已被报关单证核注的重量。除上述情形外，对已核注的提单申

请更改的，由海关对提单进行反核注后再办理舱单变更手续。

（2）对被报关单证核注的总（分）提单提出删除申请的，需由海关在对相应提单反核注后再办理舱单删除手续。

不允许对货物、物品已实际进境的原始舱单电子数据提出删除申请，不允许对货物、物品已实际装船离境的预配舱单电子数据提出删除申请。

（3）对申请进境运输工具需要更改原始舱单卸货港的，由实际卸货港海关办理舱单更改手续。不允许未向实际卸货港海关申报运输工具动态的舱单提出更改申请。

原始舱单已被核注的，在原卸货港海关申请办理反核注手续后再办理卸货港更改手续。

申请卸货港更改手续只允许以总运单为单位办理。

小贴士 在办理舱单及相关电子数据变更或删除手续时，可由传输人向海关提交变更或删除电子数据申请，由海关审核通过。也可根据实际情况由海关人员直接在舱单系统中手工更改、删除舱单电子数据，不需传输人提交电子数据变更或删除申请。

第六节　货物转关

海关监管货物在海关监管下，从一个海关运至另一个海关办理某项海关手续的行为，我们称之为转关。常见的转关包括三种方式：一是货物由进境地入境，向海关申请转关，运往另一个设关地点办理进口海关手续；二是货物在起运地已办理出口海关手续运往出境地，由出境地海关监管放行；三是已经办理入境手续的海关监管货物从境内一个设关地点运往境内另一个设关地点报关。

一、货物转关的条件

并不是所有的货物都可以转关，海关对于可以转关的货物设置了一定的条件：

（1）货物转关的指运地和起运地必须设有海关；

（2）转关的指运地或起运地应当设有经海关批准的监管场所；

（3）转关承运人应当在海关注册登记，承运车辆符合海关监管要求，并承诺按海关对转关路线范围和途中运输时间所作的限定将货物运抵指定的场所。

小贴士 大家可能对于上文中的一些术语不是很了解，下面举例解释一下。比如说一票货物从天津海运进境，然后转关到西安，天津就是起运地（进境地），西安就是指运地；如果是货物从西安申请转关出口，由天津港实际离境，则西安是起运地，天津是指运地（出境地）。

海关提醒 不是所有的货物都可以转关，为了执行国家出于环境保护、特殊敏感货物等原因制定的禁限规定，有四类货物不可以转关，分别是：

（1）动物废物、冶炼渣、木制品废料、纺织品废物、贱金属及其制品的废料、各种废旧五金、废电机、废电品产品、废运输设备、废塑料、碎料及下脚料等；

（2）消耗臭氧层物资、化学武器关键前体、可作为化学武器的化学品、化学武器原料、易制毒化学品等；

（3）汽车整车，包括整套散件和二类底盘；

（4）国家检验检疫部门规定必须在口岸检验检疫的商品。

二、转关常见的三种申报方式

转关货物的申报和普通货物的申报略有不同，由于涉及起运地和指运地海关两个海关之间的联系配合，所以转关存在三种常见的申报方式。

（一）提前报关转关

提前报关转关是指进口货物在指运地先申报，再到进境地办理进口转关手续；出口货物在未运抵起运地监管场所前先申报，货物运抵监管场所后再办理出口转关手续的转关。

（二）直转转关

进口直转转关是指进口货物在进境地海关办理转关手续，货物运抵指运地再在指运地海关办理申报手续的转关。

出口直转转关是指出口货物在运抵起运地海关监管场所申报后，在起运地海关办理出口转关手续再到出境地海关办理出境手续的转关。

（三）中转转关

进口中转转关，是指持全程提运单需换装境内运输工具的进口中转货物由收货人或其代理人，先向指运地海关办理进口申报手续，再由境内承运人或其代理人批量向进境地海关办理转关手续的转关。

出口中转转关，是指持全程提运单需换装境内运输工具的出口中转货物由发货人或其代理人，先向起运地海关办理出口申报手续，再由境内承运人或其代理人按出境工具分列舱单向起运地海关批量办理转关手续，并到出境地海关办理出境手续的转关。

三、转关计算滞报金的方法

根据《海关法》规定，进口货物自运输工具申报进境之日起 14 日内应向海关申报，超过期限海关要征收滞报金，那么对于转关货物有没有申报期限呢？答案是肯定的。但是由于转关货物的申报方式多样，所以计算滞报金的方法也不尽相同。

（一）直转方式转关货物的申报期限

直转方式转关的进口货物应当自运输工具申报进境之日起 14 日内向进境地海关办理转关手续，在海关限定期限内运抵指运地之日起 14 日内，向指运地海关办理报关手续。逾期按规定征收滞报金。在进境地办理转关手续逾期的，以自载运进口货物的运输工具申报进境之日起 15 日为征收滞报金的起始日；在指运地申报逾期的，以自货物运抵指运地之日起 15 日为征收滞报金的起始日。

（二）提前报关方式转关货物的期限

进口转关货物应在电子数据申报之日起5日内，向进境地海关办理转关手续，超过期限仍未到进境地海关办理转关手续的，指运地海关撤销提前报关的电子数据。

出口转关货物应于电子数据申报之日起5日内，运抵起运地海关监管场所，办理转关和验放等手续，超过期限的，起运地海关撤销提前报关的电子数据。

四、转关货物的通关流程

转关货物涉及多个海关，那么转关货物的通关流程会不会很复杂呢？其实并非如此，如果根据各自不同情况按照流程申报，转关货物的申报同普通货物一样简单。

（一）进口货物的转关流程

1. 提前报关的转关进口流程

我们要提供以下单证：

（1）进口转关货物核放单（广东省内公路运输的，交验进境汽车载货清单）；

（2）中华人民共和国海关境内汽车载运海关监管货物载货登记簿（以下简称“汽车载货登记簿”或“船舶监管簿”）；

（3）提货单。

海关提醒 提前报关的进口转关货物，进境地海关因故无法调阅进口转关数据时，可以按直转方式办理转关手续。

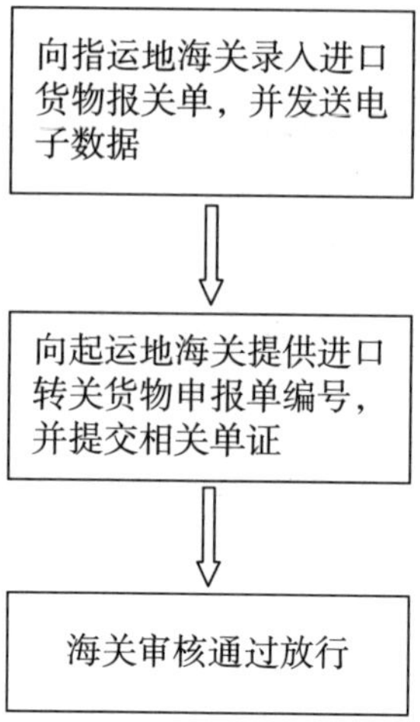

2. **直转方式的转关进口货物**

直转方式的转关货物与提前报关的转关货物略有不同，进口货物的收货人或其代理人可以在进境地录入转关申报数据后，持下列单证直接办理转关手续：

（1）进口转关货物申报单（广东省内公路运输的，交验进境汽车载货清单）；

（2）汽车载货登记簿或船舶监管簿。

3. **中转方式的转关进口货物**

具有全程运单、需要换装境内运输工具的中转转关货物，由境内承运人或其代理人向进境地海关提交进口转关货物申报单、进口货物中转通知书、按指运地目的港分列的纸质舱单（空运方式提交联程运单）等单证办理货物转关手续。

（二）出口货物的转关

1. **提前报关的转关出口**

出口转关货物的申报和进口转关略有不同，要持不同单证分别向起运地海关和出境地海关申报，其流程如下：

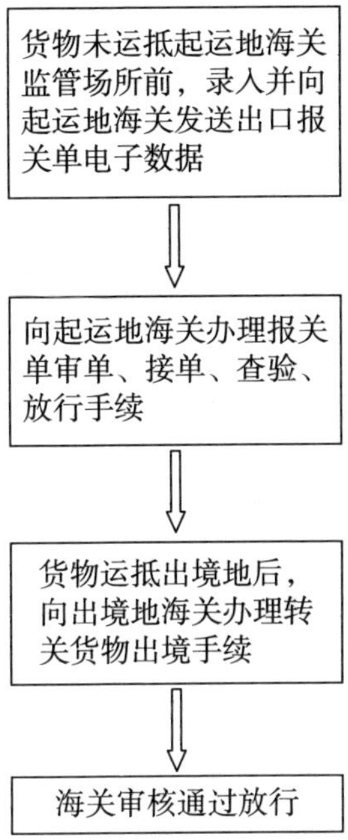

小贴士 发货人或其代理人应持下列单证向起运地海关办理出口转关：

(1) 出口货物报关单；

(2) 汽车载货登记簿或船舶监管簿；

(3) 广东省内公路运输的，递交出境汽车载货清单。

货物运抵出境地后，发货人或其代理人应持下列单证向出境地海关办理转关货物出境手续：

(1) 起运地海关签发的出口货物报关单；

(2) 出口转关货物申报单或出境汽车载货清单；

(3) 汽车载货登记簿或船舶监管簿。

2. 直转方式的转关出口货物

对于转关出口货物来说，其直转方式的申报和提前报关的转关出口货物的申报流程的区别，就在于需要等到货物运抵起运地海关监管场所后，才可以录入并向起运地海关发送出口报关单电子数据进行申报。

3. 中转方式的转关

具有全程提运单、需要换装境内运输工具的出口中转转关货物，货物的发货人或其代理人向起运地海关办理出口报关手续后，由承运人或其代理人向起运地海关传送并提交出口转关货物申报单、凭出境运输工具分列的电子或纸质舱单、汽车载货登记簿或船舶监管簿等单证，向起运地海关办理货物出口转关手续。

经起运地海关核准后，签发出口货物中转通知书，承运人或其代理人凭以办理中转货物的出境手续。

五、境内监管货物的转关模式

我们在货物的实际操作中，还会遇到这种货物，货物本身就是海关监管货物，但是还需要在境内多个海关辖区移动，这类货物向海关申报的方式就是境内监管货物的转关模式。

（1）提前报关的转关货物，由收货人或其代理人在转出地（相当于进境地）海关办理监管货物转关手续前，录入并向转入地海关传送进口货物报关单及转关申报单电子数据。

转入地货物收货人或其代理人应持进口转关货物核放单和汽车载货登记簿或船舶监管簿，并提供进口转关货物申报编号，向转出地海关办理转关手续。

（2）直转的转关货物，由收货人或其代理人在转出地录入转关申报数据，持进口转关申报单和汽车载货登记簿或船舶监管簿，直接向转出地海关办理转关手续。

六、报关单申报错误的处理方式

普通货物的报关单如果申报错误的话，可以申请修改或者删除，转关运输申报同样可以进行此类申请，转关货物申报的电子数据与书面单证具有同等的法律效力，对确实因为填报或传输错误的数据，有正当的理由并经海关同意，可作适当的修改或者撤销。

海关提醒 对海关已决定查验的转关货物，则不再允许修改或撤销申报内容。

小贴士 广东省内公路运输的进境汽车载货清单或出境汽车载货清单视同转关申报书面单证，具有法律效力。

第十二章　海关监管场所

海关监管场所是什么？如何向海关申请设立海关监管场所？海关批准设立后如何建设海关监管场所？海关如何验收海关监管场所？验收合格注册海关监管场所后在日常管理中如何配合海关做好日常管理工作？

下面将对上述问题一一进行讲述。

第一节　了解海关监管场所

监管场所是指进出境运输工具或者境内承运海关监管货物的运输工具进出、停靠，以及从事进出境货物装卸、储存、交付、发运等活动，办理海关监管业务，符合海关设置标准的特定区域。

监管场所分为码头类监管场所、公路转关监管点、陆路边境口岸监管场所、货栈类监管场所、堆场类监管场所、仓库类监管场所、储罐类监管场所、快件类监管场所、边民互市贸易类监管场所、台轮停泊点类监管场所、旅客通关类监管场所、国际邮件类监管场所 12 类。

小贴士　有一个文件下文经常要提到，就是《中华人民共和国海关监管场所管理办法》（总署 171 号令），以下我们就简称“171 号令”。

第二节　海关监管场所的建设标准

小贴士　12 类监管场所是大的分类。大类下面还有小类。如码头类监管场所下面还分成一般型码头和专用型码头。一般型码头下面又有更细的分类，如综合货运码头、集装箱码头、散杂货码头等；专用型码头下面又有如化工品专用码头、粮油专用码头、煤炭专用码头、散装水泥专用码头、散装矿产品专用码头、船舶修理专用码头等。

码头类监管场所的集装箱堆场

监管场所内的海关查验平台和海关监管仓库

一、建设码头类监管场所的标准

（一）一般型码头

如综合货运码头、集装箱码头、散杂货码头等设置标准：

（1）具有独立的封闭区域；

（2）设立隔离围网（墙），高度不低于2.5米；

（3）建立通道出入卡口，配置符合海关监管要求的卡口设备（电子栏杆、电子读写设备、电子识别设备、电子监控设备、电子地磅等）并与海关联网；

（4）配备电子计算机管理系统，并与海关电子计算机联网，能按照海关要求的格式实现相关电子数据的传送、交换，海关可进入监管场所电子计算机管理系统查询、统计运输工具、货物的停靠、存储位置及相关处理情况；

（5）安装具有存储功能（存储时间不少于3个月）的视频监控系统，供海关对监管场所进行监控，监管场所灯光及监控系统应当满足海关实施全方位24小时监控需要；

（6）具有专门储存、堆放、装卸海关监管货物的仓库、场地及设施，并设置明显区分标志；

（7）提供满足海关查验货物要求的场地，并配备便于海关实施查验的相关设备；

（8）根据海关需要，提前预留大型集装箱检查设备等所需的场地和设施；

（9）提供存放海关扣留货物的仓库；

（10）为海关提供必要的办公场所，应具备网络、通信、取暖、降温、休息和卫生等条件。

（二）专用型码头

如化工品专用码头、粮油专用码头、煤炭专用码头、散装水泥专用码头、散装矿产品专用码头、船舶修理专用码头等。专用型码头设置标准：

（1）具有独立的封闭区域；

（2）设立隔离围网（墙），高度不低于2.5米；

（3）建立出入通道卡口，配置符合海关监管要求的设备（电子栏杆、电子监控设备、电子地磅等），并与海关联网；

（4）配备电子计算机管理系统，并与海关电子计算机联网，能按照海关要求的格式实现相关电子数据的传送、交换，海关可进入监管场所电子计算机管理系统查询、统计运输工具、货物的停靠、存储位置及相关处理情况；

（5）安装具有存储功能（储存时间不少于3个月）的视频监控系统，供海关对监管场所进行监控，监管场所灯光及监控系统应当满足海关实施全方位24小时监控需要；

（6）具有储存、堆放、装卸海关监管货物的专用设施，并设置明显区分标志；

（7）为海关监管提供相应的安全防护设备；

（8）为海关提供必要的办公场所，应具备网络、通信、取暖、降温、休息和卫生等条件。

二、建设公路转关监管点的标准

公路转关监管点主要有陆路口岸车检场、直通式监管点、转关车检场、国际物流中心等，其设置标准如下：

（1）具有独立的封闭区域；

（2）设立隔离围网（墙），高度不低于2.5米；

（3）建立通道出入卡口，配置符合海关监管要求的卡口设备（电子栏杆、电子读写设备、电子识别设备、电子监控设备、电子地磅等）并与海关联网；

（4）配备电子计算机管理系统，并与海关电子计算机联网，能按照海关要求的格式实现相关电子数据的传送、交换，海关可进入监管场所电子计算机管理系统查询、统计运输工具、货物的停靠、存储位置及相关处理情况；

（5）安装具有存储功能（储存时间不少于3个月）的视频监控系统，供海关对监管场所进行监控，监管场所灯光及监控系统应当满足海关实施全方位24小时监控需要；

（6）具有专门储存、堆放、装卸海关监管货物的仓库、场地及设施，并设置明显区分标志；

（7）提供满足海关查验货物要求的场地，并配备便于海关实施查验的相关设备；

（8）提供存放海关扣留货物的仓库；

（9）根据海关需要，提前预留大型集装箱检查设备等所需的场地和设施；

（10）为海关提供必要的办公场所，应具备网络、通信、取暖、降温、休息和卫生等条件。

三、建设陆路边境口岸监管场所的标准

陆路边境口岸监管场所主要有陆路边境口岸车检场、陆路边境口岸、海关监管点、陆路边境口岸海关查验场等，其设置标准如下：

（1）设立在国家正式批准对外开放的陆路边境口岸海关监管区内，并具有独立的封闭区域；

（2）建立通道出入卡口，配置符合海关监管要求的卡口设备（电子栏杆、电子监控设备、电子地磅等），并与海关联网；

（3）配备电子计算机管理系统，并与海关电子计算机联网，能按照海关要求的格式实现相关电子数据的传送、交换，海关可进入监管场所电子计算机管理系统查询、统计运输工具、货物的停靠、存储位置及相关处理情况；

（4）具有专门储存、堆放、装卸海关监管货物的仓库、场地及设施，并设置明显区分标志；

（5）提供满足海关查验货物要求的场地，并配备便于海关实施查验的相关设备；

（6）根据海关需要，提前预留大型集装箱检查设备等所需的场地和设施；

（7）安装具有存储功能（储存时间不少于 3 个月）的视频监控系统，供海关对监管场所进行监控，监管场所灯光及监控系统应当满足海关实施全方位 24 小时监控需要；

（8）提供存放海关扣留货物的仓库；

(9) 为海关提供必要的办公场所，应具备网络、通信、取暖、降温、休息和卫生等条件。

四、建设货栈类监管场所的标准

(一) 空运货栈设置标准

(1) 具有独立的封闭区域；

(2) 设立隔离围网（墙），高度不低于2.5米；

(3) 建立通道出入卡口，配置符合海关监管要求的卡口设备（电子栏杆、电子读写设备、电子识别设备、电子监控设备、电子地磅等）并与海关联网；

(4) 配备电子计算机管理系统，并与海关电子计算机联网，能按照海关要求的格式实现相关电子数据的传送、交换，海关可进入监管场所电子计算机管理系统查询、统计运输工具、货物的停靠、存储位置及相关处理情况；

(5) 安装具有存储功能（储存时间不少于3个月）的视频监控系统，供海关对监管场所进行监控，监管场所灯光及监控系统须满足海关实施全方位24小时监控需要；

(6) 具有储存、堆放、装卸海关监管货物的仓库、场地及设施，监管货物按照进口、出口、暂扣、特殊库进行分类存放，不同类别货物应当隔离，并设置明显区分标志；

(7) 提供满足海关查验货物要求的场地，并配备便于海关实施查验的相关设备；

(8) 为海关提供必要的办公场所，应具备网络、通信、取暖、降温、休息和卫生等条件。

(二) 铁路货栈设置标准

(1) 具有独立的封闭区域；

(2) 设立隔离围网（墙），高度不低于2.5米；

（3）建立通道出入卡口，配置符合海关监管要求的设备（电子栏杆、电子监控设备、电子地磅等）并与海关联网；

（4）配备电子计算机管理系统，并与海关电子计算机联网，能按照海关要求的格式实现相关电子数据的传送、交换，海关可进入监管场所电子计算机管理系统查询、统计运输工具、货物的停靠、存储位置及相关处理情况；

（5）安装具有存储功能（储存时间不少于3个月）的视频监控系统，供海关对监管场所进行监控，监管场所灯光及监控系统应当满足海关实施全方位24小时监控需要；

（6）具有专门储存、堆放、装卸海关监管货物的仓库、场地及设施，并设置明显区分标志；

（7）提供满足海关查验货物要求的场地，并配备便于海关实施查验的相关设备；

（8）根据海关需要，提前预留大型集装箱检查设备等所需的场地和设施；

（9）提供存放海关扣留货物的仓库；

（10）为海关提供必要的办公场所，应具备网络、通信、取暖、降温、休息和卫生等条件。

五、建设堆场类监管场所的标准

（一）综合性货运堆场（如集装箱堆场、散杂货堆场等）设置标准

（1）具有独立的封闭区域；

（2）设立隔离围网（墙），高度不低于2.5米；

（3）建立通道出入卡口，配置符合海关监管要求的卡口设备（电子栏杆、电子读写设备、电子识别设备、电子监控设备、电子地磅等）并与海关联网；

（4）配备电子计算机管理系统，并与海关电子计算机联网，能按照海关要求的格式实现相关电子数据的传送、交换，海关可进入监管

场所电子计算机管理系统查询、统计运输工具、货物的停靠、存储位置及相关处理情况；

（5）安装具有存储功能（储存时间不少于3个月）的视频监控系统，供海关对监管场所进行监控，监管场所灯光及监控系统应当满足海关实施全方位24小时监控需要；

（6）具有专门储存、堆放、装卸海关监管货物的仓库、场地及设施，并设置明显区分标志；

（7）提供满足海关查验货物要求的场地，并配备便于海关实施查验的相关设备；

（8）提供存放海关扣留货物的仓库；

（9）根据海关需要，提前预留大型集装箱检查设备等所需的场地和设施，自行安装的货物检查设备应与海关联网；

（10）为海关提供必要的办公场所，应具备网络、通信、取暖、降温、休息和卫生等条件。

（二）新造集装箱专用堆场设置标准

（1）具有独立的封闭区域；

（2）设立隔离围网（墙），高度不低于2.5米；

（3）建立通道出入卡口，配置符合海关监管要求的卡口设备（电子栏杆、电子监控设备等）并与海关联网；

（4）配备电子计算机管理系统，并与海关电子计算机联网，能按照海关要求的格式实现相关电子数据的传送、交换，海关可进入监管场所电子计算机管理系统查询、统计运输工具、货物的停靠、存储位置及相关处理情况；

（5）安装具有存储功能（储存时间不少于3个月）的视频监控系统，供海关对监管场所进行监控，监管场所灯光及监控系统应当满足海关实施全方位24小时监控需要；

（6）为海关提供必要的办公场所，所应具备网络、通信、取暖、降温、休息和卫生等条件。

六、建设仓库类监管场所的标准

仓库类监管场所主要有综合性仓库、航空食品供应库、进口分拨库、出口拼装库、展览品监管仓库等，其设置标准如下：

（1）具有独立的封闭区域；

（2）建立通道出入卡口，配置符合海关监管要求的卡口设备（电子栏杆、电子读写设备、电子识别设备、电子监控设备、电子地磅等）并与海关联网；

（3）配备电子计算机管理系统，并与海关电子计算机联网，能按照海关要求的格式实现相关电子数据的传送、交换，海关可进入监管场所电子计算机管理系统查询、统计运输工具、货物的停靠、存储位置及相关处理情况；

（4）安装具有存储功能（储存时间不少于3个月）的视频监控系统，供海关对监管场所进行监控，监管场所灯光及监控系统应当满足海关实施全方位24小时监控需要；

（5）提供满足海关查验货物要求的场地，并配备便于海关实施查验的相关设备；

（6）提供存放海关扣留货物的仓库；

（7）为海关提供必要的办公场所，所应具备网络、通信、取暖、降温、休息和卫生等条件。

七、建设储罐类监管场所的标准

储罐类监管场所主要有液体专用储罐场所、气体专用储罐场所等，其设置标准如下：

（1）具有独立的封闭区域；

（2）建立通道出入卡口，配置符合海关监管要求的卡口设备（电子栏杆、电子监控设备等）并与海关联网；

（3）配备电子计算机管理系统，并与海关电子计算机联网，能按照海关要求的格式实现相关电子数据的传送、交换，海关可进入监管场所电子计算机管理系统查询、统计运输工具、货物的停靠、存储位置及相关处理情况；

（4）安装具有存储功能（储存时间不少于3个月）的视频监控系统，供海关对监管场所进行监控，监管场所灯光及监控系统应当满足海关实施全方位24小时监控需要；

（5）储罐应当安装符合海关要求的测量仪器，确保采集数据原始、真实、准确，并与海关联网；

（6）为海关监管提供相应的安全防护设备；

（7）为海关提供必要的办公场所，所应具备网络、通信、取暖、降温、休息和卫生等条件。

八、建设快件类监管场所的标准

（1）具有独立的封闭区域；

（2）建立通道出入卡口，配置符合海关监管要求的设备（电子栏杆、电子读写设备、电子识别设备、电子监控设备、小型电子地磅等）并与海关联网；

（3）配备电子计算机管理系统，并与海关电子计算机联网，能按照海关要求的格式实现相关电子数据的传送、交换，海关可进入监管场所电子计算机管理系统查询、统计运输工具、货物的停靠、存储位置及相关处理情况；

（4）具备自动传输和分拣设备；

（5）安装具有存储功能（储存时间不少于3个月）的视频监控系统，供海关对监管场所进行监控，监管场所灯光及监控系统应当满足海关实施全方位24小时监控需要；

（6）具有专门储存、堆放、装卸海关监管货物的仓库、场地及设施，并设置明显区分标志；

（7）提供满足海关查验货物要求的场地，并配备便于海关实施查验的相关设备；

（8）根据海关需要，提前预留海关监管设备所需的场地和设施；

（9）提供存放海关扣留货物的仓库；

（10）为海关提供必要的办公场所，所应具备网络、通信、取暖、降温、休息和卫生等条件。

九、建设边民互市贸易类监管场所的标准

边民互市贸易类监管场所主要有边民互市点、边民互市区、边贸市场等，其设置标准如下：

（1）具有明确的界线，建有隔离围网（墙），高度不低于2.5米；

（2）建立通道出入卡口，具备条件时应当配置符合海关监管要求的卡口设备（电子栏杆、电子地磅、电子监控设备等）并与海关联网；

（3）具备条件时应当安装具有存储功能（储存时间不少于3个月）的视频监控系统，供海关对监管场所进行监控，监管场所灯光及监控系统应当满足海关实施全方位24小时监控需要；

（4）为海关提供适当的办公场所，应当具备网络、通信、取暖、降温、休息和卫生等条件。

十、建设台轮停泊点类监管场所的标准

（1）具有独立的封闭区域；

（2）设立隔离围网（墙），高度不低于2.5米；

（3）建立通道出入卡口，具备条件时应当配置符合海关监管要求的卡口设备（电子栏杆、电子地磅、电子监控设备等）并与海关联网；

（4）具备条件时应当安装具有存储功能（储存时间不少于3个月）的视频监控系统，供海关对监管场所进行监控，监管场所灯光及监控系统应当满足海关实施全方位24小时监控需要；

（5）为海关提供相应的办公场所和条件，应具备网络、通信、取暖、降温、休息和卫生等条件。

十一、建设旅客通关类监管场所的标准

旅客通过类监管场所主要有出入境旅客陆运、海运、空运港站与旅检现场等，其设置标准如下：

（1）具有独立的封闭区域；

（2）在出境或者入境封闭区域建立出入通道，并分别设置“申报通道”、“无申报通道”、“外交礼遇通道”和“工作人员通道”；

（3）各通道之间相互隔离，符合海关监管要求，各通道内应预留必要的电源、网络接口；

（4）“申报通道”和“无申报通道”纵向划分为申报区、查验区和处理区；

（5）安装具有存储功能（储存时间不少于3个月）的视频监控系统，供海关对监管场所进行监控，监管场所灯光及监控系统应当满足海关实施全方位24小时监控需要；

（6）为海关提供旅客行李查验台、海关法规公告栏（包括电子公告屏），安装海关通道标志及现场隔离设施等；

（7）在出港实行开放式布局，配备具有远程判图和操控的行李系统和五级安检系统，建有相应的网络、设备，实时、准确提供中转旅客电子信息；

（8）为海关提供存放扣留货物、物品的库房；

（9）为海关提供专门开展海关征税、询问、视频监控、毒品检测、印刷品音像制品审查的工作场所及设施，办公场所应当具备网络、通信、取暖、降温、休息和卫生等条件。

十二、建设国际邮件类监管场所的标准

国际邮件类监管场所主要有国际邮件互换局、国际邮件交换站等，其设置标准如下：

（1）具有独立的封闭区域；

（2）配备电子计算机管理系统，并与海关电子计算机联网，能按照海关要求的格式实现相关电子数据的传送、交换，海关可进入监管场所电子计算机管理系统查询、统计运输工具、货物的停靠、存储位置及相关处理情况；

（3）安装具有存储功能（储存时间不少于3个月）的视频监控系统，供海关对监管场所进行监控，监管场所灯光及监控系统应当满足海关实施全方位24小时监控需要；

（4）具有专门储存、堆放、装卸海关监管邮件的仓库、场地及设施，并设置明显区分标志；

（5）有满足海关查验邮件要求的场地；

（6）邮件分拣及X光机检查设备应当与海关联网；

（7）根据海关需要，提供海关检查设备所需的场地和设施；

（8）为海关提供存放扣留邮件的库房；

（9）为海关提供接受报关、视频监控、毒品检测、印刷品音像制品审查办公场所，应当具备网络、通信、取暖、降温、休息和卫生等条件。

第三节　申请设立监管场所的手续

一、企业申请设立需要具备的条件

不是所有企业都有资格设立监管场所的。申请设立的企业需要以下条件：

（1）经工商行政管理部门注册登记，具有独立企业法人资格；

（2）注册资本不低于人民币300万元；

（3）具有专门储存货物的营业场所，拥有营业场所的土地使用权，租赁他人土地、场所经营的，租期不得少于5年；

（4）经营液/气体化工品、易燃易爆危险品等特殊许可货物仓储的，应当持有特殊经营许可批件。

小贴士 如果您的企业具备了以上条件，就意味着有资格申请设立监管场所。但监管场所投入大，建设周期也不短。而作为企业，都非常重视投入产出比。建议一定要做好前期的调研和可行性分析，不要盲目投入、盲目建设。

如果您进行了充分的调研和可行性分析，觉得设立监管场所很有必要，就可以准备如下材料：

（1）“中华人民共和国海关监管场所注册登记申请书”（附件1）；

（2）企业法人营业执照复印件；

（3）税务登记证复印件；

（4）法定代表人身份证件复印件；

（5）场地所有权或者使用权证明复印件；

（6）存放液/气体化工品、易燃易爆危险品等特殊许可货物的，应当提供特殊经营许可批件的复印件；

（7）场所平面图和建筑设计图。

提交上述材料复印件的，应当同时提供原件供海关验核。

二、海关批准设立

直属海关收到企业递交的设立申请材料后，会依据相关法律法规的有关规定，受理、审查经营监管场所的申请。

申请企业符合法定条件的，直属海关会制发“中华人民共和国海关批准设立监管场所决定书”（附件2）；申请企业不符合法定条件的，直属海关应当制发“中华人民共和国海关不予批准设立监管场所决定书”（附件3），当然也要说明理由。

小贴士 建议您的企业在开始进行海关监管场所建设规划的时候，就要将监管场所的功能布局、设备设施技术指标、经营业务种类和发展前景等问题和海关充分沟通，并接受海关的指导，否则万一建成的监管场所不符合相关文件要求，在经济和时间上都会造成不必要的浪费。

三、监管场所的验收

不要忘记，申请企业应当自海关制发批准设立决定书之日起 1 年内向直属海关申请验收，直属海关根据 171 号令附件的《设置标准》规定的条件对监管场所进行验收。如果申请企业无正当理由逾期未申请验收或者经验收不合格的，批准设立决定书自动失效。

四、监管场所的注册

您的监管场所验收合格后，再经过直属海关注册登记并制发“中华人民共和国海关监管场所注册登记证书”（附件 4），就可以投入运营了，注册登记证书自制发之日起有效期为 3 年。

五、监管场所的变更、延续与注销

监管场所注册后，如果经营企业需要变更企业业务范围、监管场所面积等，就请填写“中华人民共和国海关监管场所变更申请书”（附件 5），向直属海关提出申请，并提交有关材料。

经营企业需要延续注册登记证书有效期的，不要忘记在注册登记证书有效期届满 30 日前向直属海关提出延续申请，并提交“中华人民共和国海关监管场所延续申请书”（附件 6）。符合延续条件的，直属海关会在注册登记证书有效期届满前作出准予延续的决定，延续注册登记证书有效期为 3 年。不符合延续条件的，直属海关也会作出不予延续的决定。

经营企业终止经营监管场所的，应当向直属海关提出书面申请，并交回注册登记证书。

小贴士 如果您的企业不打算继续经营监管场所了，不要忘记按照海关的要求妥善处理监管场所内剩余的海关监管货物。

海关提醒 在监管场所的设立、建设、验收、注册环节中，相关企业和联系人在按照171号令的要求执行时要特别注意两点：一是经营企业和海关的及时沟通和密切配合必不可少，这样能提高工作效率，少走弯路，收到事半功倍的效果；二是申请企业要注意时间节点的把握，如应当自海关制发批准设立决定书之日起1年内向直属海关申请验收，在注册登记证书有效期届满30日前向直属海关提出延续申请等。

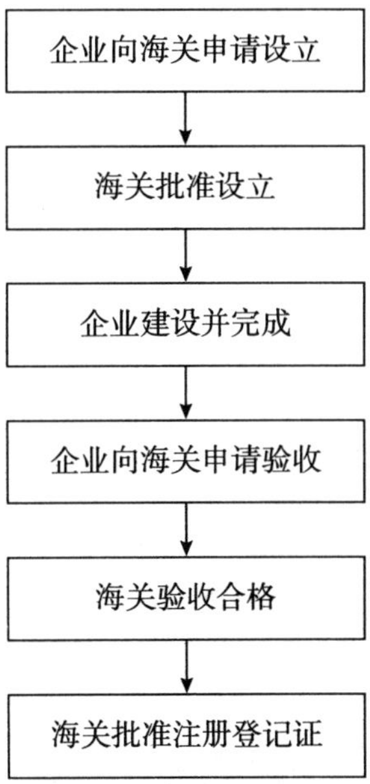

第四节　配合海关要求管理监管场所的技巧

辛辛苦苦经过了前面的步骤，您的企业拿到了“中华人民共和国海关监管场所注册登记证书”，也按照海关规定的样式制作监管场所标志牌，悬挂在监管场所入口处显著位置，监管场所现在可以开始运营了。但是也不要放松警惕，监管场所日常运营的管理同样重要。

想管理好监管场所，规章制度要先行，人员素质要跟上。经营企业应当建立健全与海关监管有关的人员管理、单证管理、设备管理、安全保卫和值班等制度。监管场所应当配备相应管理人员，管理人员要接受海关业务培训，并熟悉海关规定。除安全保卫人员和值班人员外，其他人员不得在监管场所内居住。

要注意，监管场所内只能存放海关监管货物。而且监管场所内液/气体化工品、易燃易爆危险品、有毒及放射性货物应当带有明显标志，并不得与其他类货物一起存放。

监管场所卡口监管

一、海关对监管场所的管理要求

海关对卡口、查验场地等监管场所内重点位置的管理也有具体要求。如经营企业应当依据海关监管要求设置相对独立的海关查验场地。根据海关监管需要，经营企业应当在监管场所出入通道设置卡口，派员值守，并配备相应设备，与海关计算机联网。对集中在同一个封闭区域内分散经营的监管场所，经营企业可以在进出通道设置统一卡口，并设置独立的海关集中查验场地。经营企业应当凭海关纸质放行凭证和电子放行信息放行海关监管的运输工具、货物。海关认为必要时，可以派员实施卡口监管，核实、放行海关监管运输工具、货物。

在信息化时代，除了传统的纸质数据，还有电子数据。经营企业应当按照海关要求发送和接收电子数据（如向海关发送进出境运输工具或者境内承运海关监管货物的运输工具进出、停靠情况，以及进出境货物装卸、储存、交付、发运等情况的电子数据，接收海关对进出口货物的电子放行信息等）。海关有权查阅监管场所的货物进出和存储等情况的纸质单证或者电子账册，这就要求监管场所经营企业平时要及时、准确地做好纸质单证登记和电子数据维护工作。

海关在日常执法过程中，经营企业应当做好配合工作。海关采取视频监控、实地核查等方式对进出监管场所的运输工具、货物等实施监管。海关检查运输工具或者查验货物时，经营企业应当按照海关要求，将货物移至相应的场地，并应当为海关检查运输工具或者查验货物、提取货样提供条件。海关径行开验、复验或者提取货样时，经营企业应当派员到场协助，并应当在相关单据上签字（具体要求请见第二章配合查验）。经营企业应当及时将监管场所内存放超过 3 个月的货物情况向海关报告，并协助海关办理相关手续（原因详见第十一章舱单，具体手续请跟主管地海关联系）。

只有在硬件设施和日常管理上都严格达到了海关的要求，才能真正运营好一个监管场所。

二、申请设立监管场所的文书

附件 1

中华人民共和国海关

监管场所注册登记申请书

________海关：

现我公司拟在____设立__________

______________________，特提出申请。

请批准为盼。

附件：1. 公司基本情况；

2.《工商营业执照》副本复印件；

3.《税务登记证书》副本复印件；

4. 其他专业证书（如《防火安全证书 》、《危险品、爆炸品装卸存储证明》、《专业计量证书》或者《罐容表》等）；

5. 场所平面图及电子文件；

6. 监管场所相关管理制度、账册制度。

申请企业（公章）

年____月____日

公司基本情况
监管场所名称：________________ 所属口岸：________________批准机关：________________ 批准文号：________________企业名称：________________ 场所面积：________________企业性质：________________ 申请业务范围：____________注册资本：____________（万元） 监管场所地址：________________邮政编码：________________ 场所联系人及其联系电话：________________ 企业法定代表人及其联系电话：________________ 《营业执照》编号：____________《税务登记证书》编号：____________ ________组织机构代码：________________ 除本申请场所外有无经营其他海关监管场所：________________ 经营其他海关监管场所名称：________________ 场所所有权情况：自有［______］租赁［______］（所有人：______）
本公司保证上述所填各项内容属实，向海关递交的相关文件真实无讹，遵守海关法规，并承担相应法律责任。 法定代表人（签名）： 申请单位（公章）： 年　月　日

附件2

中华人民共和国海关

批准设立监管场所决定书

编号：____（1）____关所字第____（2）____号____（3）____：

经审核，你公司关于在____（4）____设立海关监管场所的申请，符合《中华人民共和国海关监管场所管理办法》规定的条件，现批准设立。

中华人民共和国　海关（印章）

年　　月　　日

填写规范说明：

（1）海关简称；

（2）海关编号；

（3）申请企业名称；

（4）设立监管场所地点。

附件3

中华人民共和国海关

不予批准设立监管场所决定书

编号：____（1）____关所字第____（2）____号____（3）____：

经审核，你公司关于在____（4）____设立海关监管场所的申请，不符合《中华人民共和国海关监管场所管理办法》____（5）____《中华人民共和国海关监管场所设置标准》____（6）____之规定，不予批准。

你公司对本决定不服，可以自收到《不批准设立监管场所决定书》之日起六十日内向海关总署申请行政复议，也可以自收到《不批准设立监管场所决定书》之日起三个月内向________中级人民法院提起诉讼。

中华人民共和国　　海关（印章）

年　　月　　日

填写规范说明：

（1）海关简称；

（2）海关编号；

（3）申请企业名称；

（4）设立监管场所地点；

（5）《办法》明确规定的条款；

（6）《标准》明确规定的条款。

附件 4

中华人民共和国海关

监管场所注册登记证书

编号：__（1）__关所字第__（2）__号__（3）__：

经审核，你单位申请设立的__（4）__符合《中华人民共和国海关监管场所管理办法》规定的条件，现准予注册登记，海关编码为__（5）__。

本《注册登记证书》有效期至____年___月___日。

中华人民共和国　海关（印章）

年　月　日

填写规范说明：

（1）海关简称；

（2）证书编号；

（3）申请企业名称；

（4）监管场所名称；

（5）海关监管场所编码。

附件 5

中华人民共和国海关监管场所变更申请书

(1) 关更申(2) 年第(3) 号(4) 海关：

经海关批准，我公司于______年____月____日办理了(5) 监管场所的登记手续，注册登记证书的编号为(6)。

我公司拟对该监管场所的若干事项进行调整，特提出申请。

请予批准为盼。

附件：1. 公司基本情况

2.《工商营业执照》副本复印件；

3.《税务登记证书》副本复印件；

4. 其他专业证书（如《防火安全证书》、《危险品、爆炸品装卸存储证明》、《专业计量证书》或者《罐容表》等）；

5. 场所平面图及电子文件；

6. 监管场所相关管理、账册制度。

申请企业（公章）

____年____月____日

填写规范说明：

（1）审批海关简称；

（2）申请时间；

（3）海关流水编号；

（4）海关名称；

（5）监管场所名称；

（6）海关十位编码。

注：本申请书一式两份

<table>
<tr><td>公司基本情况</td></tr>
<tr><td>监管场所名称：________________________
所属口岸：________________________批准机关：________________________
批准文号：________________________企业名称：________________________
场所面积：________________________企业性质：________________________
申请业务范围：________________注册资本：________________（万元）
监管场所地址：________________________邮政编码：________________________
场所联系人及其联系电话：________________________
企业法定代表人及其联系电话：________________________
《营业执照》编号：__________________《税务登记证书》编号：______________
__________组织机构代码：________________________
除本申请场所外有无经营其他海关监管场所：________________________
经营其他海关监管场所名称：________________________
场所所有权情况：自有［________］租赁［________］（所有人：________）</td></tr>
<tr><td>本公司保证上述所填各项内容属实，向海关递交的相关文件真实无讹，遵守海关法规，并承担相应法律责任。
法定代表人（签名）：

申请单位（公章）：
年　月　日</td></tr>
</table>

<table>
<tr><td>海关审核情况</td></tr>
<tr><td>实地验收情况：

经办人：
年　月　日</td></tr>
<tr><td>直属海关审核意见：

经办人：

复核人：

年　月　日
主管领导：
行政公章
年　月　日</td></tr>
</table>

附件6

中华人民共和国海关监管场所延续申请书

__________海关：

由我公司经营的________________________在运营期间严格遵守海关各项规章制度，符合《中华人民共和国海关监管场所管理办法》的要求，运营情况良好。

因《中华人民共和国海关监管场所注册登记证书》有效期即将届满，特申请延续《中华人民共和国海关监管场所注册登记证书》有效期。

请批准为盼。

法定代表人（签字）：

申请企业（盖章）

年　月　日

书目介绍

“关务通”品牌图书

书名	作者	定价	书号	出版时间
关务通·监管通关系列				
1.《监管通关政策实用指导手册》	“关务通·监管通关系列”编委会	78.00 元	978-7-80165-907-1	2012 年 10 月第 1 版
2.《通关实务操作与技巧——货物、运输工具篇》	“关务通·监管通关系列”编委会	48.00 元	978-7-80165-909-5	2012 年 10 月第 1 版
3.《通关实务操作与技巧——进出境物品篇》	“关务通·监管通关系列”编委会	26.00 元	978-7-80165-905-7	2012 年 10 月第 1 版
4.《通关疑难解惑 720 例》	“关务通·监管通关系列”编委会	48.00 元	978-7-80165-903-3	2012 年 10 月第 1 版
关务通·电子口岸系列				
1.《电子口岸实用功能》	“关务通·电子口岸系列”编委会	32.00 元	978-7-80165-904-0	2012 年 11 月第 1 版
2.《电子口岸实务操作与技巧——通关篇》	“关务通·电子口岸系列”编委会	55.00 元	978-7-80165-906-4	2012 年 11 月第 1 版
3.《电子口岸实务操作与技巧——加贸篇》	“关务通·电子口岸系列”编委会	55.00 元	978-7-80165-908-8	2012 年 11 月第 1 版
4.《电子口岸疑难解惑 400 例》	“关务通·电子口岸系列”编委会	38.00 元	978-7-80165-910-1	2012 年 11 月第 1 版

待出系列

关务通·双语系列

《国际海关新视野》 上海海关

关务通·加贸系列

1.《加工贸易实务操作与技巧》 “关务通·加贸系列”编委会

2.《保税物流实务操作与技巧》 “关务通·加贸系列”编委会

3.《加工贸易疑难解惑 280 例》 “关务通·加贸系列”编委会

关务通·稽查系列

《小王在海关稽查的日子》 “关务通·稽查系列”编委会

关务通·企管系列

《AA 类企业关务秘笈》 “关务通·企管系列”编委会